クレヨンしんちゃんの

防災《ぼうさい》コミック

地震《じしん》だ！その時《とき》オラがひとりだったら

キャラクター原作：臼井儀人
監修：永田宏和
（NPO法人プラス・アーツ理事長）

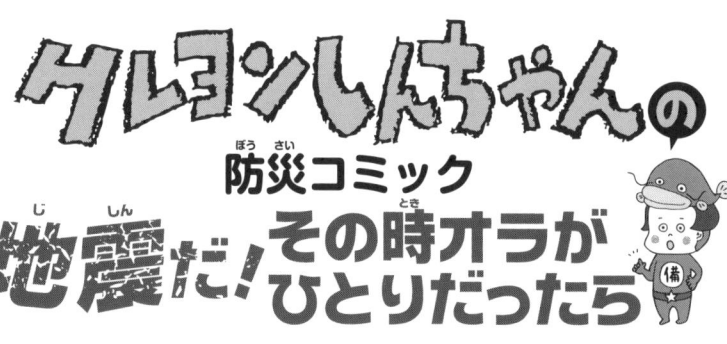

もくじ

まんが

この本《ほん》には
解説《かいせつ》のページを
開《ひら》きやすいように
しるしをつけているよ
解説《かいせつ》を選《えら》んで
読《よ》むことが
出来《でき》るよ
備

解説《かいせつ》

登《とう》場《じょう》人《じん》物《ぶつ》紹《しょう》介《かい》

野《の》原《はら》家《け》のひとびと

アクション幼稚園《ようちえん》
よしなが先生《せんせい》
風間《かざま》くん
ボーちゃん
マサオくん
ネネちゃん
地震《じしん》に備《そな》える大切《たいせつ》さを
みんなに伝《つた》えて
行《い》きたいと思《おも》います
よろしくネ
はじめまして
ソナ・エルと
いいます！
解説《かいせつ》ナビゲーター
ソナ・エル
北本《きたもと》さん
お隣《とな》りのオバさ

プロローグ

いつもの朝《あさ》だゾ！

いやぁ！父《とう》ちゃん!! いいところだったのにぃ!!
しんのすけ それどころじゃねーだろ！
水着《みずぎ》のななこおねいさんに高《たか》い高《たか》い
してもらうところだったのに!!
はあ〜そりゃ
うらやまし〜っ
てちがーう！
地震《じしん》だしんのすけ
準備《じゅんび》をしないと大変《たいへん》だぞ！
ヘンタイですって〜？
いくら父《とう》ちゃんでも言《い》いすぎだゾ〜！
あ〜んもうヘンタイじゃねーよ！
あのなしんのすけ…
アン
アン！
アン
シロ
アン
アン
ん!?
アン！
アン
ピピピピピピピピピピ
12
9
3
今《いま》揺《ゆ》れた？
大丈夫《だいじょう》だろ…
そお？
ぶー
ムニャ
ムニャ
ななこ
グースーピー
けっ
チュンチュン
シロ
あなた朝《あさ》よ
起《お》きて…
カチッ
ん〜

今日《きょう》未明《みめい》 関東地方《かんとうちほう》に
やや強《つよ》い 地震《じしん》が ありました
ピッ
続《つづ》いて各地《かくち》の 震度《しんど》です
ほら！
やっぱり地震《じしん》 だったのよ
ヨロ
そこで今日《きょう》は 防災《ぼうさい》について…
テレビだよ
ななこ オラ おねいさんを しあわせにする 自信《じしん》なら あるゾ
む～
ぽけ～
テレビだってば
なに 地震《じしん》がどうした って？
あら あなたも 起《お》きてた じゃない？
そーか ーあ？
地震《じしん》この頃《ごろ》 多《おお》いわね
家具《かぐ》の固定《こてい》 はですね このように…
ねー お願《ねが》いしてた 家具《かぐ》の固定《こてい》 すぐにやって くれなーい？
あー今度《こんど》の 休《やす》みになー
この グズ亭主《ていしゅ》 !!
はっ
…
ぐがー ぐがー
スピー スピー
こらーっ!! あんたは もう寝《ね》る なっつーの!!
ぐり ぐり
ぐり
ほい
へぇえ
みさえ 早《はや》くめしの 仕度《したく》して くれよ～！
わーっとる わ！
うっ
すいま せん

しゃもじ
さーっ
ひまっ!!
しゃもじ返《かえ》しなさーい!
ん～っ
なんだなんだ?
きゃっきゃっ
こらっ
あんた ついて来《く》るならつかまえてよ!!
きゃっきゃっ
きゃっ
ビシャ
おいっ
ゴンっ
むー
まて!
ん～
わなわな～
いー加減《かげん》にしろー!!
…はい
おー
た
――こうして
おう
あなたぁ行《い》ってらっしゃーい
あんたは早《はや》く顔《かお》洗《あら》え!!
すこーん
ひゃ～
今日《きょう》も
アハハ…
いつもの野原家《のはらけ》の
おはよーございます
どーも
一日《いちにち》が始《はじ》まった
早《はや》く着替《きが》えろっての
ぎゃぴーん
まいったなぁ～
大変《たいへん》だね
ははは

野原家《のはらけ》の大黒柱《だいこくばしら》のはずの俺《おれ》は
あまりに無頓着《むとんちゃく》だった
考《かんが》えていなかったんだ

「その時《とき》」が
ある日《ひ》突然《とつぜん》
やって来《く》ることを

「その時《とき》」俺《おれ》は？

みさえは？

しんのすけ達《たち》は？

外《そと》を歩《ある》いているかも
しれないし

乗《の》り物《もの》に
乗《の》っている時《とき》かも
しれない

あっ
地震《じしん》だ!!

「その時《とき》」
みんなは先生《せんせい》や
家族《かぞく》と一緒《いっしょ》かな?
「その時《とき》」
子供《こども》たちが一人《ひとり》ぼっちだったら
どうなるんだろう?

少《すこ》しでも備《そな》えておけば
しっかり子供《こども》たちと
話《はな》しておけば…
「その時《とき》」が来《き》てしまう前《まえ》に
一緒《いっしょ》に考《かんが》えていこう!

地《じ》震《しん》ってなんだ？

はじめに
地震《じしん》が起《お》こる
しくみについて
簡単《かんたん》に
解説《かいせつ》するね
備

地震《じしん》の種類《しゅるい》は
大《おお》きくわけて、2つあるよ

わたしたちはプレートとよばれる大《おお》きな岩《いわ》の上《うえ》に住《す》んでいるよ。

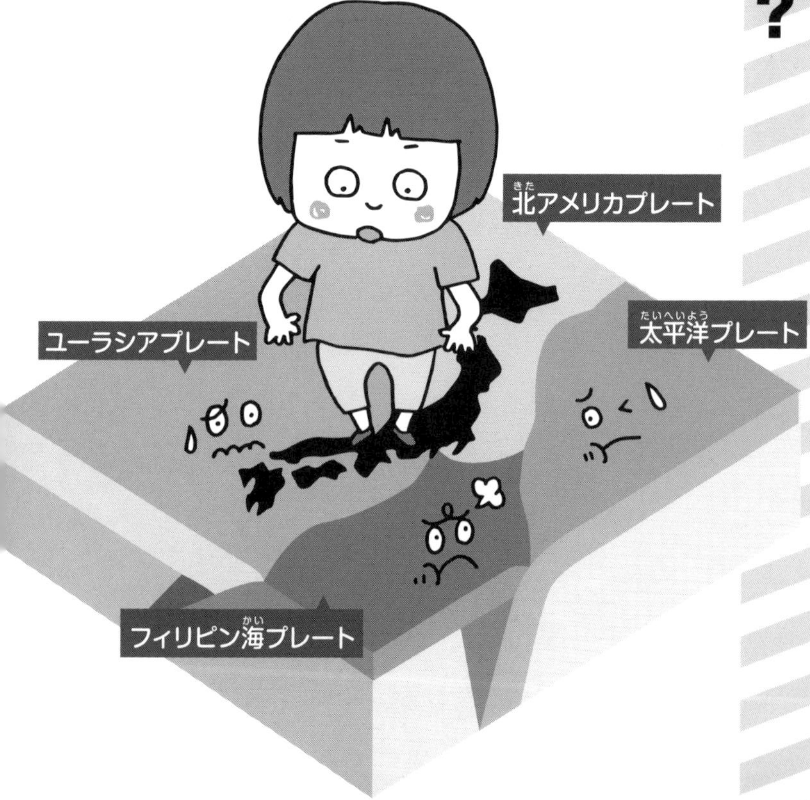
北《きた》アメリカプレート
ユーラシアプレート
太平洋《たいへいよう》プレート
フィリピン海《かい》プレート

地震《じしん》と津波《つなみ》が起《お》こるしくみ

日本列島《にほんれっとう》のまわりにある4つのプレートが、陸《りく》にも海底《かいてい》にも互《たが》いに絶《た》えず大《おお》きな力《ちから》を加《くわ》え合《あ》っていて、その力《ちから》に耐《た》えきれなくなったときに起《お》こる地震《じしん》がひとつめだよ。

❶ プレートがぶつかり、海《うみ》のプレートがゆっくり沈《しず》み込《こ》む。

❷ 陸《りく》のプレートが引《ひ》きずり込《こ》まれて、プレートの境目《さかいめ》にひずみができる。

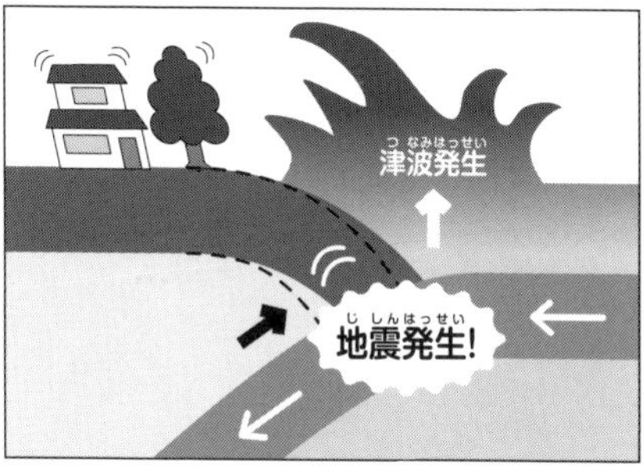

❸ 陸《りく》のプレートが元《もと》に戻《もど》ろうとするときに地震《じしん》が発《はっ》生《せい》。その衝撃《しょうげき》で海《うみ》の水《みず》がもりあがって津波《つなみ》になるよ。

割《わ》れめが動《うご》いて起《お》こる地震《じしん》

2つめは、このプレートどうしの押《お》し合《あ》う力《ちから》によってできた割《わ》れめが、急《きゅう》にずれ動《うご》いた時《とき》に起《お》こる地震《じしん》だよ。

プレートがひび割《わ》れる時《とき》に地震《じしん》が起《お》きるよ。

まんが1

オラ、お留守番《るすばん》だゾ！

さあ ひまー おでかけよ〜
たいや
たらりらぁ
みかん
水
クル クルクル
アハーン
キラーン
オラは何《なに》もかもお見通《みとお》しだ! あの棚《たな》のてっぺんに
妖怪《ようかい》ケチケチおばばが隠《かく》した
プレミアム・・・おつやが・・・あることを!!
ん〜
プルプル
みかん
水
キケン よい子はマネしないで
ぱっ
プレミアム入
べったべた
チョコ
うほほーい
ん〜このべったりとした舌《した》ざわり
たまりませんな〜
たう
ん?
ダメ! ひまには100万年《まんねん》早《はや》いゾ
こらっ ひまにイジワルしちゃいけません
ひま役
みさえ役
ぐりぐり〜 ひえぇ〜
コチ コチ コチ
パタリ
べったべた
コチ
コチ
…
むくっ
ポロ
はぁ〜
むなしい

ガミ
いつまでみてるの？早く片付けなさーい!!
ガミ
お！
そだ!!
わーっはっはっは
オラ今日《きょう》はアクション仮面《かめん》観放題《みほうだい》だゾ！
ピ
行《い》けー！いいゾアクション仮面《かめん》ー!!
ゴゴゴゴゴゴゴゴゴ!!
ドン
バラ
バラ
バラ
グワン
グワン
グラ
グラ
えっ
グラ
えっ
なに？
おおお！
わあぁ
やぁ〜
グラ
グラ
グラ
アン
アン
アン
アン
ユサ
ユサ
ガシャーン
ガシャーン
カチャーン
パーン
パリーン
グラ
グラ
父《とう》ちゃーん！
母《かあ》ちゃーん！

バサッ
バサッ
ユサ
ユサ
な…なに？
グラ！
やだ…
ちょ…
グラ
グラ
ピキッ
バリバリ
しんちゃん!! あなたー!!
グラン
グラン
キャー
ワー
はっ！
グラッ
バサッ
みさえ！しんのすけ！ひまわり！
ドダーン
つづく！

解説《かいせつ》1

地震発生《じしんはっせい》！その時《とき》キミはどうする？

でも いつ起《お》こるの？ 大《おお》きな地震《じしん》

残念《ざんねん》だけど それを正《ただ》しく 知《し》ることは できない
ちょっぴり難《むずか》しい 話《はなし》になるけれど 大《おお》きな地震《じしん》が 起《お》こる確率《かくりつ》が発表《はっぴょう》 されているので お話《はな》しするね

首都直下地震《しゅとちょっかじしん》 M7程度《ていど》 (Mはマグニチュード 地震《じしん》のエネルギーを示《しめ》す)	30年以内《ねんいない》	70%《パーセント》
東海地震《とうかいじしん》	30年以内《ねんいない》	88%《パーセント》
東南海《とうなんかい》・南海地震《なんかいじしん》	30年以内《ねんいない》	70〜80%《パーセント》

(文部科学省地震調査研究推進本部《もんぶかがくしょうじしんちょうさけんきゅうすいしんほんぶ》による地震発生確率《じしんはっせいかくりつ》 2018年《ねん》1月1日発表《がつついたちはっぴょう》のデータです。)

たいへんな被害《ひがい》が出《で》た東日本大震災《ひがしにほんだいしんさい》(発生《はっせい》2011.3.11)が起《お》こる前《まえ》の発表《はっぴょう》では、宮城《みやぎ》県沖地震《けんおきじしん》は2010年《ねん》から30年以内《ねんいない》で発生《はっせい》確率《かくりつ》99%《パーセント》と言《い》われていたんだよ！

しんのすけが 俺《おれ》の歳《とし》に なるまでに 大地震《おおじしん》が起《お》こる 確率《かくりつ》って こんなに 高《たか》いんだな
ええええっ 父《とう》ちゃん オラどうしたら いいの？
しっかり 防災《ぼうさい》しな きゃな
キラーン
オラ・交際《こうさい》♥ するゾ！
防災《ぼうさい》…な

しんのすけ5歳《さい》

ひろし35歳《さい》

確率《かくりつ》70%《パーセント》ってどのくらい？

雨《あめ》が降《ふ》る確率《かくりつ》が50%《パーセント》だったらほとんどの人《ひと》が傘《かさ》を持《も》って出《で》かけるでしょ？
70%《パーセント》だったら傘《かさ》を持《も》たずに出《で》かけたことを後悔《こうかい》するんじゃないかな？

50%《パーセント》
心配《しんぱい》だから
傘《かさ》を持《も》ってくよ
70%《パーセント》
わーん！
やっぱり降《ふ》ってきた

地球《ちきゅう》規模《きぼ》で自然災害《しぜんさいがい》が増《ふ》えている？

地震《じしん》や噴火《ふんか》、そして気候《きこう》の変化《へんか》による大型台風《おおがたたいふう》、ゲリラ豪雨《ごうう》、豪雪《ごうせつ》、熱波《ねっぱ》などによる被害《ひがい》がとても多《おお》くなってきている。これらの自然災害《しぜんさいがい》はこれから先《さき》も増《ふ》えたり、規《き》模《ぼ》が大《おお》きくなることが予想《よそう》されているんだ。

（大型台風《おおがたたいふう》の回数《かいすう》は減《へ》るが、規模《きぼ》が大《おお》きくなることが予想《よそう》されています。）

火山噴火《かざんふんか》　ゲリラ豪雨《ごうう》　豪雪《ごうせつ》　熱波《ねっぱ》

自然災害《しぜんさいがい》はいつ起《お》こるかわからないし止《と》められない
だから災害《さいがい》による被害《ひがい》をより少《すく》なくするために

災害《さいがい》に備《そな》える！ 知識《ちしき》をつける！ 判断力《はんだんりょく》をつける！

ことが大切《たいせつ》なんだよ！

解説《かいせつ》1

地震《じしん》発生《はっせい》！ その時《とき》キミはどうする？

すぐに身《み》を守《まも》る！！

家具《かぐ》からすぐに離《はな》れよう！

一番大切《いちばんたいせつ》なのは、ケガをしないこと!!　過去《かこ》の地震《じしん》では、たくさんの人《ひと》が、倒《たお》れたり飛《と》んで来《き》た家具《かぐ》でケガをしました。

ちゅうい

家具《かぐ》は固定《こてい》しないと危険《きけん》！
24Pを読《よ》んでね。

座布団《ざぶとん》、布団《ふとん》、ヘルメットなどまわりにある物《もの》を使《つか》って、頭《あたま》を守《まも》って！　身体《からだ》を低《ひく》くして揺《ゆ》れがおさまるのを待《ま》とう！

廊下《ろうか》や、家具《かぐ》の少《すく》ない部屋《へや》や場所《ばしょ》に行《い》く

ちゅうい

トイレは四方《しほう》を壁《かべ》に囲《かこ》まれ強度《きょうど》に優《すぐ》れ、落下《らっか》物《ぶつ》も少《すく》ないけれど、揺《ゆ》れを感《かん》じたらドアをあけてネ。ドアが歪《ゆが》んだり、物《もの》にふさがれて開《ひら》かなくなったら、とじこめられる！

近《ちか》づくと危険《きけん》！ 火元《ひもと》から離《はな》れて！

揺《ゆ》れが大《おお》きい時《とき》は、先《さき》に身《み》を守《まも》る。
揺《ゆ》れがおさまってから火《ひ》を消《け》してね。

ガス台《だい》で火《ひ》を使《つか》っていたら？

揺《ゆ》れが大《おお》きい時《とき》は、身《み》を守《まも》るのが先《さき》！
ヤカンなどの熱湯《ねっとう》にも注意《ちゅうい》！
揺《ゆ》れが小《ちい》さめの時《とき》は、火《ひ》を止《と》めてね。

ストーブやガス台《だい》は、地震《じしん》の揺《ゆ》れで自動OFF《じどうオフ》するタイプの製品《せいひん》が多《おお》くなって来《き》ているけれど、きちんと消《き》えたか確認《かくにん》してね。
切《き》っておいたはずのスイッチが、他《ほか》の物《もの》にぶつかってON《オン》になってしまうこともあるんだって！

ガスの元栓《もとせん》しめられるかな？

元栓《もとせん》のある場所《ばしょ》と、しめ方《かた》を知《し》っておこう！

★ガスは通常《つうじょう》、震度《しんど》5以上《いじょう》で止《と》まりますが、正《ただ》しく動《うご》かなかったり、古《ふる》い設備《せつび》も残《のこ》っているので、ガスの元栓《もとせん》をしめよう！
★復旧《ふっきゅう》（ガスが通《とお》ったこと）に気《き》がつきづらいので注意《ちゅうい》しておきましょう。
マイコンメーターの「復帰《ふっき》ボタン」を押《お》さなければ使《つか》えるようになりません。

▼上《うえ》から見《み》た図《ず》

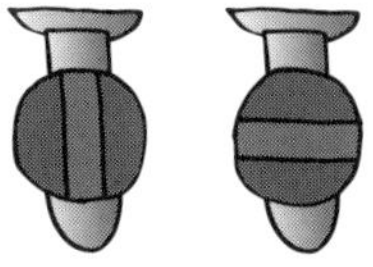

あける　　しめる

眠《ねむ》っている時《とき》だったら？

かけ布団《ぶとん》や枕《まくら》をかぶって身《み》を守《まも》る。

布団《ふとん》から出《で》るときに、割《わ》れたガラスや鏡《かがみ》の破片《はへん》に気《き》をつける。枕元《まくらもと》の近《ちか》くにLED《エルイーディ》ランタンや懐中電灯《かいちゅうでんとう》、スリッパ、または靴《くつ》などを置《お》いておこう！

外履《そとば》きなら、そのまますぐに外《そと》への避難《ひなん》もできるよ。
ワンポイントアドバイス！
両手《りょうて》が使《つか》えるのが一番《いちばん》！
懐中電灯《かいちゅうでんとう》より役立《やくだ》つのは、
ヘッドライト!!
低視力《ていしりょく》の子《こ》は、メガネをケースに入《い》れていつも枕元《まくらもと》に！
見《み》えづらいと逃《に》げられない。

大《おお》きな地震《じしん》では、各部屋《かくへや》がメチャメチャになる！

阪神《はんしん》・淡路大震災《あわじだいしんさい》／神戸市中央区《こうべしちゅうおうく》・地震後《じしんご》の家《いえ》の中《なか》の様子《ようす》　写真提供　神戸市

電気《でんき》が止《と》まったら？

いつも電気《でんき》が通《とお》っていることが当《あ》たり前《まえ》だと思《おも》っていない？　想像《そうぞう》してみよう！

大《おお》きな地震《じしん》で家《いえ》の中《なか》がぐちゃぐちゃになった時《とき》、その場所《ばしょ》が真《ま》っ暗《くら》だったらなにも出来《でき》ないよね？

おうちの全部《ぜんぶ》の部屋《へや》、トイレ・脱衣所《だついじょ》にLED《エルイーディ》ランタンや懐中電灯《かいちゅうでんとう》を置《お》いておこう！

壁《かべ》に固定《こてい》したり、フックを付《つ》けて掛《か》けておこう。停電《ていでん》や震動《しんどう》により、自動《じどう》で点灯《てんとう》する照明器具《しょうめいきぐ》もあるよ！

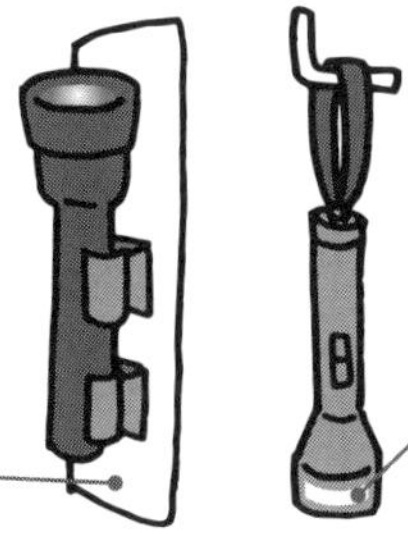

蓄光《ちくこう》テープは日光《にっこう》や蛍光灯《けいこうとう》の光《ひかり》をたくわえて数時間光《すうじかんひか》りつづけるので暗《くら》やみでもさがしやすい。

蓄光《ちくこう》テープを貼《は》っておこう！

緊急地震速報《きんきゅうじしんそくほう》を受信《じゅしん》したら？

テレビ、携帯電話《けいたいでんわ》などで、「緊急地震速報《きんきゅうじしんそくほう》」を受信《じゅしん》したらすぐに行動《こうどう》しよう！！

大《おお》きめの地震《じしん》が起《お》きると動作《どうさ》が止《と》まってしまい、何《なに》もできなくなってしまった経験《けいけん》が皆《みんな》にもあるよね？「きっと今日《きょう》も大丈夫《だいじょうぶ》」「自分《じぶん》だけは大丈夫《だいじょうぶ》」そんな風《ふう》に思《おも》ってない？

「緊急地震速報《きんきゅうじしんそくほう》」が出《で》たらその揺《ゆ》れの大《おお》きさに関係《かんけい》なく、いつでもすぐに20-21pに書《か》かれた避難態勢《ひなんたいせい》をとるようにしておくと、体《からだ》が行動《こうどう》をおぼえるので、命《いのち》が助《たす》かる近道《ちかみち》になるよ！

避難《ひなん》経路《けいろ》を確保《かくほ》しよう！

★ドアのまわりに家具《かぐ》や物《もの》は置《お》かない。

地震《じしん》のときに倒《たお》れて、ドアをふさぐことがあるよ。ドアのまわりには家具《かぐ》や物《もの》を置《お》かないようにしようね！

和室《わしつ》

窓《まど》ガラスは家具《かぐ》などがぶつかって割《わ》れることが多《おお》い。畳《たたみ》は弾力《だんりょく》もあり、固定《こてい》がむずかしいので、なるべく窓《まど》の近《ちか》くに置《お》かないようにしよう。

窓《まど》

窓《まど》にはカーテンを！
割《わ》れた時《とき》にガラスが
飛《と》び散《ち》るのを防《ふせ》ぐよ。

リビング

テレビや照明《しょうめい》など割《わ》れやすいものがいっぱいだ。

★ケガに注意《ちゅうい》して！

足元《あしもと》を守《まも》るために、
スリッパなどをはいてね。

ベランダ

避難《ひなん》しやすい様《よう》に物《もの》をあまり置《お》かないように。

★大地震《おおじしん》の時《とき》、家具《かぐ》は飛《と》ぶように倒《たお》れてくる！

背《せ》の高《たか》い家具《かぐ》は、ベッドやテーブルに倒《たお》れてこないように配置《はいち》して！家具《かぐ》が固定《こてい》されていなかったら、家族《かぞく》にお願《ねが》いしよう！！

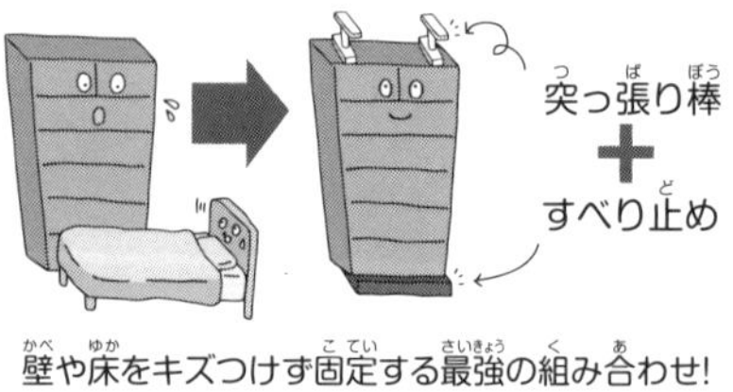

壁《かべ》や床《ゆか》をキズつけず固定《こてい》する最強《さいきょう》の組《く》み合《あ》わせ!

★重《おも》い物《もの》、割《わ》れやすい物《もの》は上《うえ》に置《お》かない！

棚《たな》に物《もの》をしまう時《とき》は、重《おも》いものは下《した》に。
上《うえ》には軽《かる》くて割《わ》れない物《もの》を置《お》こう。

浴室《よくしつ》

入浴中《にゅうよくちゅう》に地震《じしん》がきたら
大変《たいへん》だね！　裸《はだか》なので、
鏡《かがみ》・ガラスに注意《ちゅうい》だ！

子供部屋《こどもべや》

本棚《ほんだな》が倒《たお》れてドアが開《ひら》かない。
おもちゃや本《ほん》などが散《ち》らかっ
ていると危《あぶ》ないね。

玄関《けんかん》

玄関《げんかん》に物《もの》がたくさ
んあると避難《ひなん》する
のが大変《たいへん》だよ。

寝室《しんしつ》

寝《ね》ている時《とき》に大《おお》きな家具《かぐ》が
倒《たお》れて来《き》たら危《あぶ》ないよ。

キッチン

冷蔵庫《れいぞうこ》や電子《でんし》レンジ
など家電《かでん》にも注意《ちゅうい》！
割《わ》れた食器《しょっき》にも気《き》を
つけよう。

★ドア、窓《まど》を開《あ》けよう！

ドアも窓《まど》もゆがんで開《ひら》か
なくなると出《で》られない

ドアを開《あ》けても、激《はげ》しい
揺《ゆ》れや余震《よしん》で、また閉《し》ま
るから、物《もの》をはさむ！
でも、手《て》や指《ゆび》をケガしな
いように気《き》をつけてね。

その時《とき》、どこにいる？ 何《なに》をしてる？

塾《じゅく》だったら？

ヘルプミー（助《たす》けて！）
グラッ
ワ〜〜〜オ!!
先生
助《たす》けてー地震《じしん》よー!!
キャー
怖《こわ》いよー！
みんな落《お》ちついて！
先生《せんせい》の言《い》う通《とお》りに行動《こうどう》するんだ!!
本当《ほんとう》はぼくも怖《こわ》いよ〜
いい所《ところ》見《み》せなきゃ
ママー！怖《こわ》かったよ〜
トオルちゃん
保護者《ほごしゃ》のお迎《むか》えを待《ま》って知《し》らない人《ひと》にはついて行《い》かないようにね

外《そと》を歩《ある》いていたら？

散歩《さんぽ》は気持《きも》ちいいな〜
グラッ
あっ！地震《じしん》！
怖《こわ》いよ！ママどうしよう！
ひぃぃぃぃ
そうだ！ママが言《い》ってた
危《あぶ》ないからブロック塀《べい》から離《はな》れよう
落下物《らっかぶつ》 地割《じわ》れなど充分《じゅうぶん》気《き》をつけましょう！

地下街《ちかがい》だったら？

その時《とき》、どこにいる？ 何《なに》をしてる？

お風呂《ふろ》だったら？

乙女《おとめ》にはひとりのリラックスタイムが必要《ひつよう》ね
きゃっ地震《じしん》だわ！
グラッ
ネネ落《お》ちつくのよ
お風呂《ふろ》は比較的《ひかくてき》安全《あんぜん》らしいし…
お風呂《ふろ》のお湯《ゆ》はそのままでできればドアを開《あ》ける！
スポンジなどをはさみ閉《と》じこめられるのを防《ふせ》ぐ！
もしも鏡《かがみ》が割《わ》れていたら 足元《あしもと》に要注意《ようちゅうい》よ
脱衣所《だついじょ》にも懐中電灯《かいちゅうでんとう》やLED《エルイーディ》ランタンを置《お》いておくと停電《ていでん》しても安心《あんしん》だわ
蓄光《ちくこう》テープを貼っておくと見つけやすいし
揺《ゆ》れがおさまってから落《お》ちついて着替《きが》えるの
いつものママじゃない
こわいよーくらいよー
どっどっど
落《お》ちついて行動《こうどう》しましょう

高層《こうそう》ビルのエレベーターだったら？

超高級《ちょうこうきゅう》九《ここの》つ星《ぼし》ホテル ヨルトン
エレベーター内《ない》
黒磯《くろいそ》！夜景《やけい》を見《み》ながらのディナーはなかなかステキでしたわ
ありがとうございます
グラッ
あ！地震《じしん》だわ！
サッ
お嬢《じょう》さま！
高層階《こうそうかい》は大《おお》きく揺《ゆ》れます頭《あたま》を守《まも》って低《ひく》い体勢《たいせい》を！
落《お》ちついて下《くだ》さい！私《わたくし》が生命《いのち》をかけてお守《まも》りします！
はっ
シュタタタ
全《すべ》て押《お》すと一番近《いちばんちか》い階《かい》で扉《とびら》が開《ひら》く可能性《かのうせい》があります
もしもーし！
外《そと》に出《で》られない時《とき》はインターホンで外部《がいぶ》へ連絡《れんらく》
最近《さいきん》のエレベーターでは一番近《いちばんちか》い階《かい》に止《と》まって扉《とびら》が開《ひら》くように出来《でき》ています
黒磯《くろいそ》ご苦労《くろう》さま！
お待《ま》たせしました！
ウィーン

まんが2

地震《じしん》！その時《とき》、オラは？

ばしっ
がしっ
びゅん
グラ
グラ
ずざざざ
ん？
我《わ》が家《や》なの？
し…
しんのすけっ！
グラ
グラ
プリッ
父《とう》ちゃーん
母《かあ》ちゃーん
ひまーっ
シローっ
アン
アン
アン
グワン
グワン
グワン
オラ
みんなに
会《あ》いたい
ゾ〜！
わぁあん
しんのすけ
安心《あんしん》しろ
帰《かえ》って
来《き》たぞ！

…？ しんのすけ？
俺《おれ》の声《こえ》が聞《き》こえないのか？
おい！
ぐし ぐし
しんのすけ…
ガタッ
のあ？
うわぁ！
うりゃあ
ガン！！
ばふっ
家具の固定してよ！
ちくしょー！ みさえの言《い》う通《とお》りにしていれば
うぐっ
俺《おれ》は…なんてダメな親父《おやじ》なんだ！
うっ…
大丈夫《だいじょうぶ》か？
しんの…
父《とう》ちゃ〜ん 母《かあ》ちゃ〜ん
しんのすけ！
今《いま》助《たす》けてやるからな！
ぬうぅううう
でやあーあ

アン
アン
し〜ん
オラ もう ダメかと 思《おも》った…
…
おや？ ざぶとん
キャー
ああ
腰《こし》が…
ボロ
ボロ
おろ
おろ
オラ…どうなっちゃうの？
おろ
おろ
ね〜
オラ…
どうしたらい〜の？
グシャ
ベト
ペタ
ペタ
ペタ
バキッ
グキッ
イデデ…
な…なんで？
なんでしんのすけに見《み》えてないの？
ううう
つづく

揺《ゆ》れがおさまったらすること

つけっぱなしの電化製品《でんかせいひん》が危《あぶ》ない！

阪神《はんしん》・淡路《あわじ》大震災《だいしんさい》(1995.1.17発生《はっせい》)の火災原因《かさいげんいん》の多《おお》くが通電火災《つうでんかさい》だったって知《し》ってる？

しんちゃん！
こわかったね でも
慌《あわ》てると もっと
危険《きけん》だよ？
備

通電火災《つうでんかさい》ってなに？

電熱器具使用中《でんねつきぐしようちゅう》、地震発生《じしんはっせい》！

停電《ていでん》

電熱器《でんねつき》や洗濯物《せんたくもの》が家具《かぐ》の下敷《したじ》きに。コードが傷《きず》つく。

電気《でんき》が通《とお》る。傷《きず》ついたコードから火花《ひばな》。

発火《はっか》！

停電後《ていでんご》しばらくして電気《でんき》が通《とお》った時《とき》に、電熱器具《でんねつきぐ》が発火《はっか》するかもしれない。避《ひ》難《なん》のために家《いえ》を離《はな》れている間《あいだ》に無人《むじん》の家《いえ》が燃《も》えてしまうことも。使用中《しようちゅう》だったストーブやオーブントースターなどがあったら、揺《ゆ》れがおさまった時《とき》にコンセントをぬこう。

ブレーカーを切《き》れば(おろせば)OK《オーケー》！

大地震《おおじしん》で混乱《こんらん》している家《いえ》の中《なか》ではすべてのコンセントははずせない。
ブレーカーを切《き》れば通電火災《つうでんかさい》を防《ふせ》げる。

ちゅうい

ガスの臭《にお》いを知《し》っているかな？　ガスはもれた事《こと》に気《き》がつきやすいように、わざとくさくしてあるんだよ。くさいガスの臭《にお》いがする時《とき》は、電気系《でんきけい》のスイッチを(ブレーカーも)いじらないこと！ ろうそくやマッチの火《ひ》で灯《あか》りをとるのもダメ！　火花《ひばな》や、炎《ほのお》に引火《いんか》して、ガス爆発《ばくはつ》のおそれがあり！　とっても危険《きけん》！

✚知《し》っておこう！ガスの特性《とくせい》✚

LP《エルピー》ガスは空気《くうき》より重《おも》いので下《した》にたまるよ。都市《とし》ガスは空気《くうき》より軽《かる》いので天井《てんじょう》のほうにたまるよ。
キミのおうちは、どっちのガス？

ブレーカーってなに？

各部屋《かくへや》に電気《でんき》を分《わ》けて送《おく》っている分電盤《ぶんでんばん》にあるスイッチのこと。家中《いえじゅう》の部屋《へや》で電気《でんき》をたくさん使《つか》っている時《とき》に、お母《かあ》さんが電子《でんし》レンジで料理《りょうり》をあたためた途端《とたん》、家中《いえじゅう》の電気《でんき》が切《き》れる経験《けいけん》をした事《こと》がないかな？ キミの家全体《いえぜんたい》で使《つか》える電気《でんき》の量《りょう》を超《こ》えてしまった時《とき》に、自動的《じどうてき》に止《と》めているのが、ブレーカーだよ。
家《いえ》の中《なか》では廊下《ろうか》や玄関《げんかん》にあることが多《おお》いからさがしてみてね。

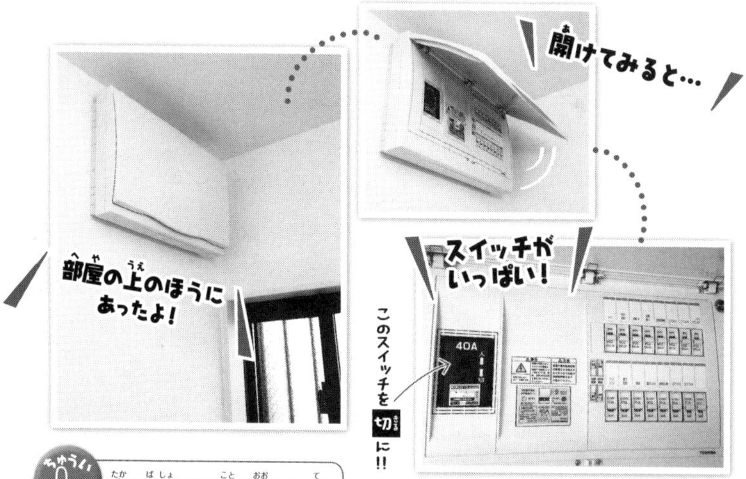
開《あ》けてみると…
部屋《へや》の上《うえ》のほうにあったよ！
スイッチがいっぱい！
40A
このスイッチを切《きる》に!!

ちゅうい
高《たか》い場所《ばしょ》にある事《こと》が多《おお》いよ。手《て》が届《とど》かない子《こ》は大人《おとな》の手《て》を借《か》りるか、無理《むり》をしないこと！

大地震《おおじしん》の確率《かくりつ》が高《たか》い首都直下地震《しゅとちょっかじしん》や、南海《なんかい》トラフ巨大《きょだい》地震《じしん》に備《そな》え、今後《こんご》はガス同様《どうよう》、揺《ゆ》れを感知《かんち》して電力供給《でんりょくきょうきゅう》を止《と》める「**感震《かんしん》ブレーカー**」の普及率《ふきゅうりつ》を上《あ》げる目標《もくひょう》がかかげられています。簡単《かんたん》にブレーカーに取《と》り付《つ》けられる感震《かんしん》グッズもあるので備《そな》えてみては？

ちゅうい
ただし！何《なに》も起《お》こっていないときにブレーカーを切《き》ると、皆《みんな》が困《こま》るから注意《ちゅうい》してね！

アイスが溶《と》けちゃった！

大事《だいじ》なデータがっ！
PC

苦《くる》しいよ〜

もしも、火事《かじ》になったら?

阪神《はんしん》・淡路大震災《あわじだいしんさい》
神戸市長田区鷹取商店街《こうべしながたくたかとりしょうてんがい》
写真提供　神戸市

火《ひ》の力《ちから》を甘《あま》くみない!

★近所《きんじょ》が燃《も》えたら

たとえ数軒先《すうけんさき》でも、空気《くうき》の乾燥状態《かんそうじょうたい》、風《かぜ》の向《む》き、
住居《じゅうきょ》の環境《かんきょう》で、火《ひ》のまわり方《かた》は様々《さまざま》。
迷《まよ》っている間《あいだ》に火《ひ》がすぐそこに!

命《いのち》がいちばん大切《たいせつ》!
すぐに逃《に》げて!

関東大震災《かんとうだいしんさい》(1923年《ねん》9月1日《がつついたち》)
阪神《はんしん》・淡路大震災《あわじだいしんさい》(1995年《ねん》1月《がつ》17日《にち》)
では 街《まち》が大火事《おおかじ》に!!
備

★隣《となり》のおうちが燃《も》えたら

迷《まよ》わずに1秒《びょう》でも早《はや》く逃《に》げて!

★自分《じぶん》のおうちで火《ひ》が出《で》てしまったら

小《ちい》さい子供《こども》たちは、すぐに逃《に》げて!

近《ちか》くに居《い》る大人《おとな》に「火事《かじ》です!助《たす》けて!」と大《おお》きな声《こえ》で、助《たす》けを呼《よ》んで!!
炎《ほのお》が小《ちい》さいうちならすぐ消火《しょうか》!
ただし炎《ほのお》が天井《てんじょう》に届《とど》いたら、大人《おとな》でも
消火器《しょうかき》で消《け》せないよ、すぐに避難《ひなん》してね!

火事《かじ》だよー!
たすけてー!

消火器《しょうかき》の使《つか》い方《かた》

❶ 黄色《きいろ》の安全《あんぜん》ピンを抜《ぬ》く

❷ ホースをはずして火元《ひもと》に向《む》ける

❸ レバーを強《つよ》く握《にぎ》って噴射《ふんしゃ》する

❹ 5m《メートル》位《くらい》離《はな》れて、燃《も》えている所《ところ》を狙《ねら》う。

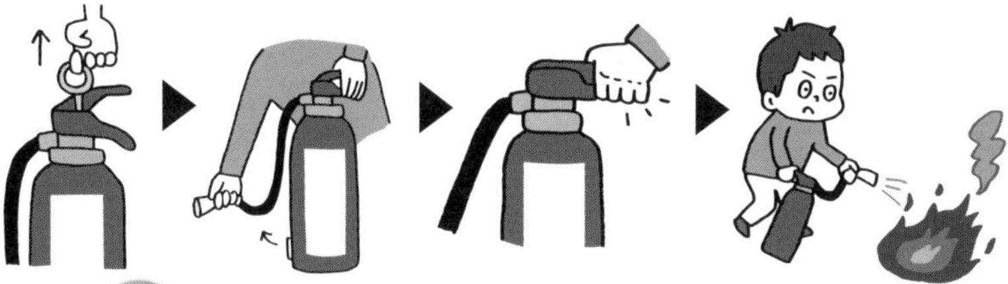

使用年齢制限《しようねんれいせいげん》は決《き》められていませんが、消火器《しょうかき》の重《おも》さにもよるので、子供《こども》の使用《しよう》には保護者《ほごしゃ》の方《かた》の指導《しどう》が必要《ひつよう》です。

★出来《でき》るだけ、煙《けむり》を吸《す》わない

熱《あつ》い煙《けむり》でのどをヤケドしたり、呼吸《こきゅう》が苦《くる》しくなるよ。ハンカチ、衣類《いるい》など布製品《ぬのせいひん》を水《みず》で濡《ぬ》らして、鼻《はな》と口《くち》を押《お》さえよう。煙《けむり》は上《うえ》に行《い》くので、姿勢《しせい》を低《ひく》くして逃《に》げてね！

★消防署《しょうぼうしょ》への通報《つうほう》は？

災害時《さいがいじ》は電話《でんわ》もつながりにくく、消防車《しょうぼうしゃ》も各地《かくち》の消火《しょうか》ですぐには到着《とうちゃく》できません。すぐにつながらない時《とき》は、通報《つうほう》に時間《じかん》をかけずに迷《まよ》わず逃《に》げましょう！

★家族《かぞく》は無事《ぶじ》かなと心配《しんぱい》になった時《とき》

火事《かじ》の様子《ようす》を見《み》た時《とき》、不安《ふあん》になって電話《でんわ》をしたくなるけれど、
大地震《おおじしん》のすぐあとには、緊急《きんきゅう》の電話《でんわ》（消防《しょうぼう》や救急《きゅうきゅう》）が優先《ゆうせん》されます。
公衆電話《こうしゅうでんわ》は被災地《ひさいち》（地震《じしん》の被害《ひがい》が大《おお》きかった場所《ばしょ》）では無料《むりょう》になり、比較的《ひかくてき》つながりやすいので（日本国内通話《にほんこくないつうわ》だけです）利用《りよう》しよう！
「災害伝言《さいがいでんごん》ダイヤル171」のかけ方《かた》や、連絡《れんらく》のとり方《かた》は、
78-81ｐで詳《くわ》しく解説《かいせつ》しているよ。

★情報《じょうほう》を得《え》よう！

電池式《でんちしき》や手動発電式《しゅどうはつでんしき》のラジオ、携帯電話《けいたいでんわ》・スマートフォン、
電気《でんき》が通《つう》じなくなっても情報《じょうほう》がわかるもので、災害《さいがい》の状況《じょうきょう》を知《し》ろう！

一次《いちじ》、二次災害《にじさいがい》について

考《かんが》えられる一次災害《いちじさいがい》

液状化《えきじょうか》、がけくずれ、落石《らくせき》、建物損壊《たてものそんかい》、倒壊《とうかい》など

油断《ゆだん》できない二次災害《にじさいがい》

津波《つなみ》、火災《かさい》など

液状化《えきじょうか》は
埋《う》め立《た》て地《ち》に
起《お》こりやすいんだ！
備

液状化《えきじょうか》

水分《すいぶん》を多《おお》く含《ふく》む地面《じめん》が、地震《じしん》で揺《ゆ》れることで起《お》こります。

東日本大震災後《ひがしにほんだいしんさいご》の2011.4.2浦安《うらやす》にて。液状化《えきじょうか》により地上《ちじょう》に浮《う》き上《あ》がったマンホール。

撮影　大木裕子

土中《どちゅう》の水《みず》や砂《すな》が吹《ふ》き出《だ》して、地面《じめん》が沈《しず》んだり、道路《どうろ》が変形《へんけい》したり、写真《しゃしん》のようにマンホールが浮《う》き上《あ》がったりするんだ。避難中《ひなんちゅう》、歩《ある》きづらいから注意《ちゅうい》が必要《ひつよう》だ。

液状化《えきじょうか》のしくみ

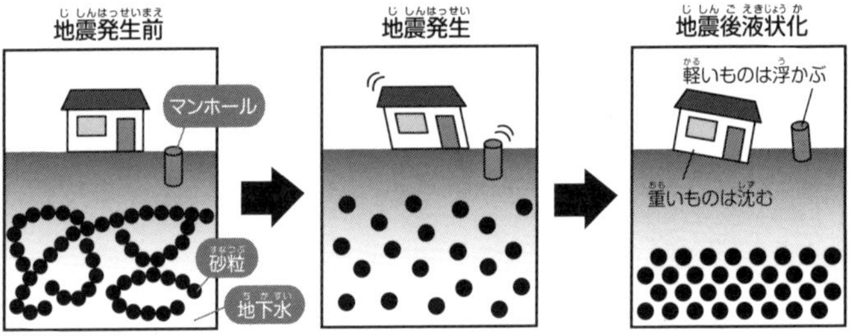
地震発生前《じしんはっせいまえ》
マンホール
砂粒《すなつぶ》
地下水《ちかすい》
地震発生《じしんはっせい》
地震後液状化《じしんごえきじょうか》
軽《かる》いものは浮《う》かぶ
重《おも》いものは沈《しず》む

砂《すな》の粒《つぶ》がゆるく詰《つ》まっている状態《じょうたい》

揺《ゆ》れにより砂《すな》と水《みず》が分《わ》かれる

砂《すな》が沈《しず》み、水《みず》が浮《う》いた状態《じょうたい》

がけくずれ・地《じ》すべり・土石流《どせきりゅう》

家《いえ》の裏《うら》が斜面《しゃめん》、高台《たかだい》、坂《さか》の多《おお》い街《まち》では、地震《じしん》で地割《じわ》れをおこして崩《くず》れることがあるよ。

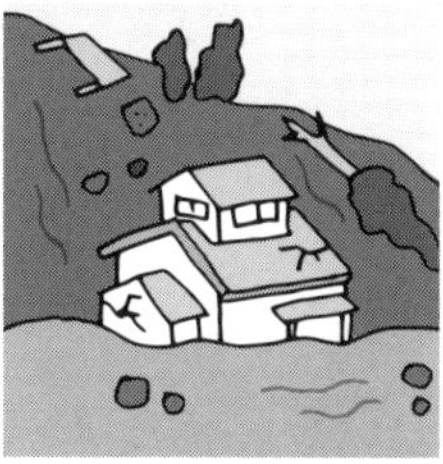

地震《じしん》のすぐあとに崩《くず》れるだけでなく、地震《じしん》でひび割《わ》れた所《ところ》にたくさんの雨《あめ》が降《ふ》ると、その部分《ぶぶん》がゆるんで崩《くず》れることがあるよ。
あっという間《ま》に、がんじょうな建物《たてもの》も飲《の》み込《こ》んでしまうほど、ものすごい勢《いきお》いで崩《くず》れるよ。

写真《しゃしん》は、平成《へいせい》21年《ねん》7月《がつ》中国《ちゅうごく》・九州《きゅうしゅう》北部《ほくぶ》豪雨《ごうう》による土砂災害《どしゃさいがい》ですが、地震《じしん》でも同《おな》じ様《よう》にがけくずれや地《じ》すべりが起《お》こります。
写真　一般財団法人消防防災科学センター

★崩《くず》れる前《まえ》のサインを知《し》ろう！

- 崖《がけ》や斜面《しゃめん》にひび割《わ》れがないかな？
- 小石《こいし》がぱらぱらと落《お》ちてきたり、水《みず》がふき出《だ》していないかな？
- わき出《だ》している水《みず》が、にごっていないかな？
- 地鳴《じな》り（いつもとちがう音《おと》）が聞《き》こえないかな？
- 土《つち》のくさったような、いつもとちがう臭《にお》いがしないかな？

異常《いじょう》を感《かん》じたら、急《いそ》いで崖《がけ》などから離《はな》れてね！

津波《つなみ》

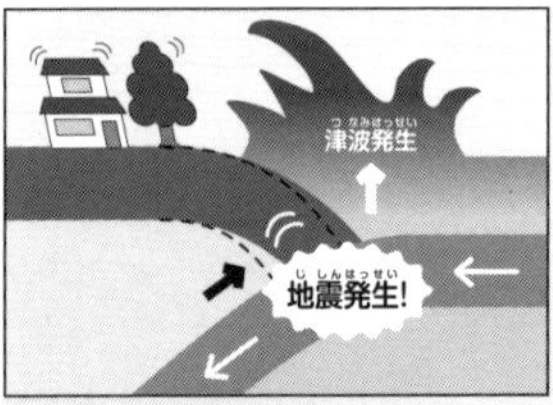
津波発生《つなみはっせい》
地震発生《じしんはっせい》!

12~13 pで地震《じしん》と津波《つなみ》が起《お》こるしくみを読《よ》んでくれたかな?

東日本大震災《ひがしにほんだいしんさい》の津波《つなみ》は、海岸沿《かいがんぞ》いにあった建物《たてもの》、そこに住《す》んでいた人《ひと》たちの命《いのち》や生活《せいかつ》を全《すべ》て飲《の》み込《こ》んでしまいました。

海岸近《かいがんちか》くに居《い》る時《とき》に大《おお》きな地震《じしん》が起《お》こったら、
すぐに、より高《たか》いところへ逃《に》げよう!

川《かわ》の近《ちか》くも同《おな》じだよ。津波《つなみ》は川《かわ》もあがってくるよ。海《うみ》から距離《きょり》があるからと言《い》って、安心《あんしん》しちゃダメだよ!
津波《つなみ》の速《はや》さ、高《たか》さ、力《ちから》は想像以《そうぞうい》上《うえ》。自分《じぶん》の背丈《せたけ》より低《ひく》い津波《つなみ》でも、簡単《かんたん》に押《お》し流《なが》されてしまう。
津波《つなみ》が見《み》えてから逃《に》げても、間《ま》に合《あ》わない。

命《いのち》を助《たす》けた「津波《つなみ》てんでんこ」

「てんでんこ」とは、むかしから津波《つなみ》の被害《ひがい》が多《おお》い地方《ちほう》に伝《つた》わることばで「各自《かくじ》」という意味《いみ》。海岸近《かいがんちか》くで大《おお》きな地震《じしん》が起《お》こったら、指示《しじ》を待《ま》たず、各自《かくじ》がそれぞれいちはやく高台《たかだい》へ逃《に》げろという教《おし》え。

東日本大震災《ひがしにほんだいしんさい》(2011.3.11発生《はっせい》)のあとの津波《つなみ》では、この教《おし》えにそって避難訓練《ひなんくんれん》してきた場所《ばしょ》の子供《こども》たちの助《たす》かった人数《にんずう》が、とても多《おお》かったんだ。「てんでんこ」は、「我先《われさき》に」「自分《じぶん》だけよければ」の考《かんが》えでないことだけは、覚《おぼ》えておいてね。

いっきに速《はや》いスピードでおそって来《く》る津波《つなみ》から、自分《じぶん》の命《いのち》を自分《じぶん》で守《まも》ることで、結果的《けっかてき》に多《おお》くの人《ひと》が助《たす》かる、という考《かんが》えなんだ。

▲東日本大震災《ひがしにほんだいしんさい》の津波《つなみ》により、街《まち》が流《なが》された宮城県雄勝町《みやぎけんおがつちょう》。山《やま》へと続《つづ》く道路《どうろ》をかけ登《のぼ》って避難《ひなん》した人《ひと》が助《たす》かったんだ。

▼宮城県南三陸町《みやぎけんみなみさんりくちょう》では、東日本大震災《ひがしにほんだいしんさい》の津波《つなみ》が15m《メートル》を超《こ》えたと言《い》われています。3階建《かいだ》ての建物《たてもの》の屋根《やね》に乗《の》っているのは、津波《つなみ》で流《なが》された車《くるま》です。

撮影　山口智久

「避難場所《ひなんばしょ》」を調《しら》べておこう

東日本大震災《ひがしにほんだいしんさい》以来《いらい》、海岸近《かいがんちか》くに津波《つなみ》の避難場所《ひなんばしょ》が増《ふ》えてきたよ。

自分《じぶん》の家《いえ》、幼稚園《ようちえん》、学校《がっこう》の近《ちか》くの避難場所《ひなんばしょ》を確認《かくにん》しておこう。

海水浴《かいすいよく》や旅行《りょこう》でおとずれた海《うみ》の近《ちか》くでは、高台《たかだい》や、避難場所《ひなんばしょ》をきちんと調《しら》べて、そこへの道順《みちじゅん》だけでなく、通《とお》り道《みち》の危険《きけん》なところも知《し》っておこうね！

まんが3

火事《かじ》はこわいゾ!

大丈夫ですか?
ガヤガヤ
こわかったですね
ガヤ
こわかったー
おい
…
…
大丈夫《だいじょうぶ》か? おい!
しんのすけ
やっとおさまっただか
大《おお》きい地震《じしん》だったな
壁《かべ》もガラスもひびだらけだ…
しゃもじ返《かえ》しなさーい!
ん??
なんだなんだ??
きゃっきゃっ
こらっ
ぐしっ
火事《かじ》が出《で》なきゃいいけどな…避難所《ひなんじょ》へは行《い》くべきなのか?
それにしても俺《おれ》いつ家《いえ》に帰《かえ》って来《き》たんだ?
みさえ達《たち》はどこなんだ?
キョロ
キョロ
父《とう》ちゃん母《かあ》ちゃん早《はや》く帰《かえ》って来《き》てオラ どうしたらいいか分《わ》からないゾ
ぷぅぅぅぅ
もぁあん
アハー

うう゛っ
はっ
危《あぶ》ない!
ほらそこ割《わ》れた食器《しょっき》が…
すかっ
あぅ
な…なんでだよ!
どういうことなの?これ
出《で》る
も
コラ!しんのすけ
ん〜
行《い》くな!
そうだ!そのスリッパをはくんだ!
待《ま》て!ガラスの破片《はへん》が入《はい》ってないか?
ぬう
スリッパ→
パン
パン
ほっ
う
うう
トイレ
パタン
ほおおっ〜♪
…?
ザャあぁぁ
トイレ
パタン
う…が流《なが》れない…
出《で》る前《まえ》のオラに戻《もど》りたい…
しんのすけー!!
おお
水《みず》も止《と》まったかしんのすけをひとりにしておけないよな
避難《ひなん》させるか?
ああ〜!でもどうやって伝《つた》えたらいいんだ?

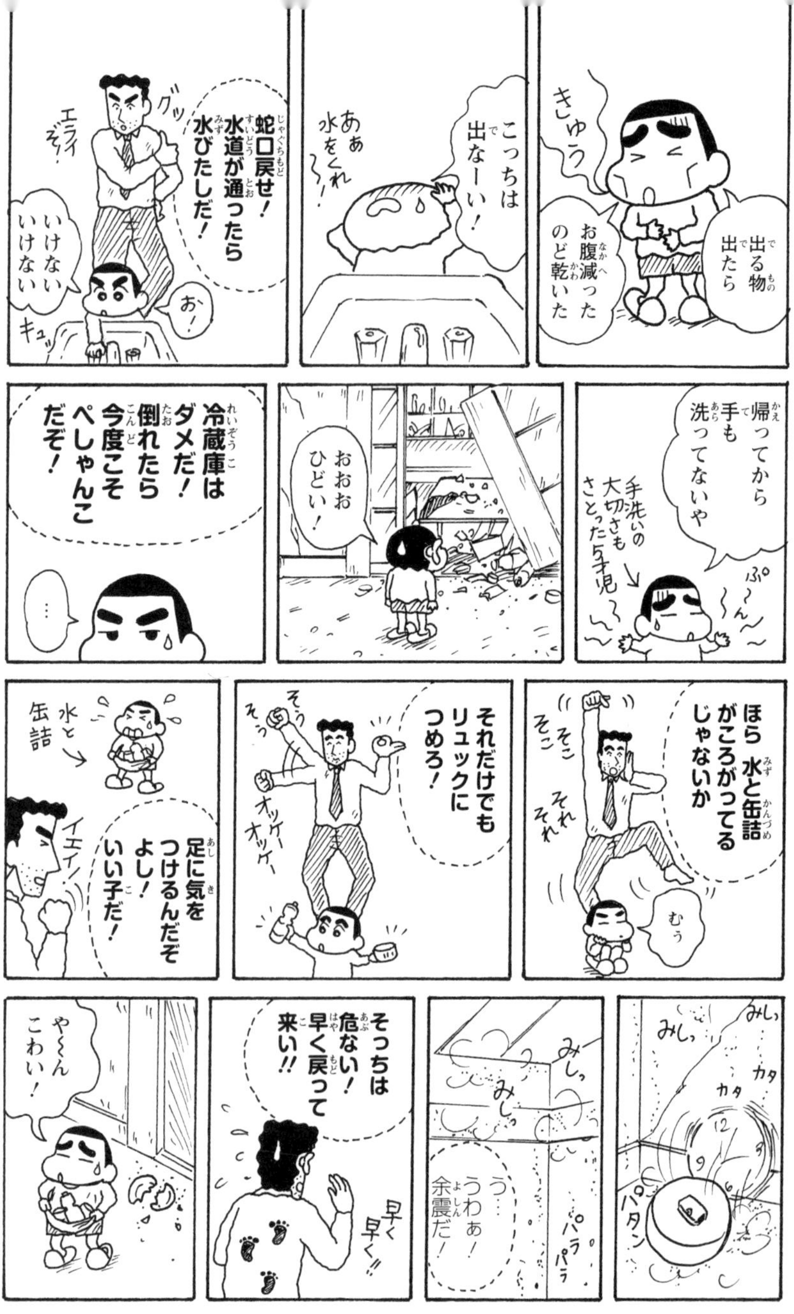

きゅう
出《で》る物《もの》出《で》たら
お腹《なか》減《へ》った のど乾《かわ》いた
こっちは出《で》なーい！
ああ水をくれ〜！
蛇口《じゃぐち》戻《もど》せ！水道《すいどう》が通《とお》ったら水《みず》びたしだ！
グッ
エライぞ！
お！
いけないいけない
キュッ
帰《かえ》ってから手《て》も洗《あら》ってないや
手洗いの大切さもさとった5才児
ぷ〜ん〜〜
おおおひどい！
冷蔵庫《れいぞうこ》はダメだ！倒《たお》れたら今度《こんど》こそぺしゃんこだぞ！
…
ほら 水《みず》と缶詰《かんづめ》がころがってるじゃないか
そこそこ
それそれ
むぅ
それだけでもリュックにつめろ！
そうそう
オッケーオッケー
水と缶詰
足《あし》に気《き》をつけるんだぞ よし！いい子《こ》だ！
イエイ！
みしっ みしっ
カタ カタ
パタン
みしっ みしっ
うわぁ！余震《よしん》だ！
パラパラ
そっちは危《あぶ》ない！早《はや》く戻《もど》って来《こ》い!!
早く早く!!
や〜んこわい！

ハァ〜
びろ〜ん
バラバラ
そんな物《もの》は置《お》いてけよ!
…
ピタ
ポイ
さっきから俺《おれ》の声《こえ》聞《き》こえてるみたいなんだけどな
おおシロ!
アンアン
カリカリ
そこガラスひび入《はい》ってて危《あぶ》ないから〜
シロ!
かーっ!ハラハラさせやがる!
ギュウ
アン??
むっ
うっ…犬《いぬ》は避難所《ひなんじょ》に連《つ》れて行《い》けるのか?
ん〜迷惑《めいわく》になるんじゃ…
しんのすけ可哀相《かわいそう》だけどシロは置《お》いていくしかないんじゃないかな
しーっシロお静《しず》かにしてるんだゾ!
アン
あらら
ずでっ
少しだけ空気穴はあけてある
もそ
もそ
もそ
やっぱり聞《き》こえてないのか?

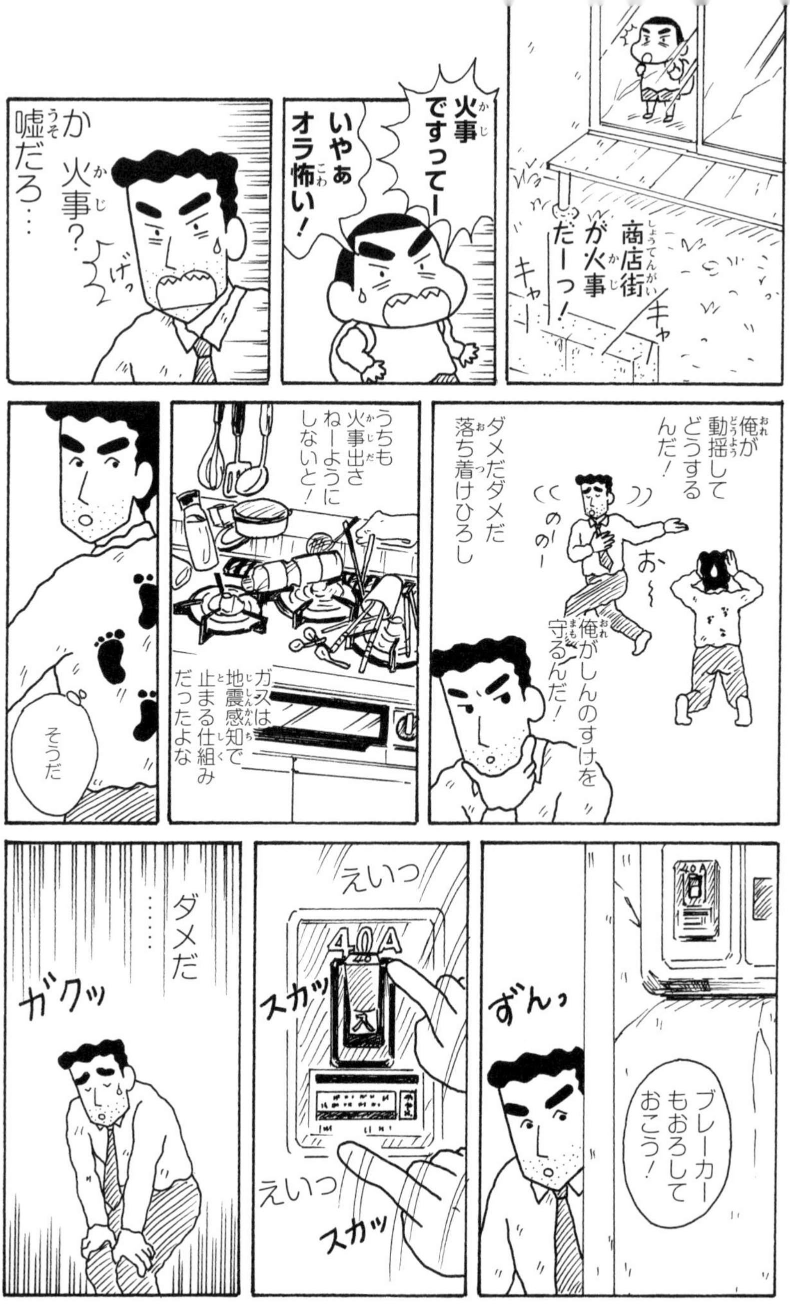

商店街《しょうてんがい》が火事《かじ》だーっ！
キャー
キャ
火事《かじ》ですってー
いやぁオラ怖《こわ》い！
か 火事《かじ》？
げっ
嘘《うそ》だろ・・・
俺《おれ》が動揺《どうよう》してどうするんだ！
のの
の〜
お〜
ダメだダメだ落《お》ち着《つ》けひろし
俺《おれ》がしんのすけを守《まも》るんだ！
うちも火事《かじ》出《だ》さねーようにしないと！
ガスは地震感知《じしんかんち》で止《と》まる仕組《しく》みだったよな
そうだ
ブレーカーもおろしておこう！
ずんっ
えいっ
スカッ
えいっ
スカッ
ダメだ
……
ガクッ

火事どこ?
ハラハラ
しんのすけ
廊下《ろうか》の壁《かべ》に「ブレーカー」ってやつがあるこいつを切《き》っておけば電気《でんき》が通《とお》った後《あと》の火事《かじ》を防《ふせ》ぐことが出来《でき》るんだ
出来《でき》るか?しんのすけ!
ハラハラ
しんのすけ
ズシン
しんのすけ
ぱっ
タッ
入
…
むむ
むむ
む?
むう～～～

つづく

解説《かいせつ》3 家《いえ》に居《い》た方《ほう》がいいの？避難所《ひなんじょ》へ行《い》くべきなの？

避難《ひなん》する場合《ばあい》

深呼吸《しんこきゅう》！
落《お》ち着《つ》いて！
お家《うち》の中《なか》の様子《ようす》を
見回《みまわ》してみて？
備

その場《ば》の状況《じょうきょう》で冷静《れいせい》に判断《はんだん》してね！

古《ふる》い木造建築《もくぞうけんちく》は、くずれる可能性《かのうせい》が高《たか》いよ。危険《きけん》を感《かん》じたら家《いえ》から脱出《だっしゅつ》しよう！

阪神《はんしん》・淡路大震災《あわじだいしんさい》／神戸市灘区琵琶町《こうべしなだくびわちょう》1丁目《ちょうめ》

新《あたら》しい家《いえ》でも、ひびが入《はい》ったりして壊《こわ》れかたが激《はげ》しい場合《ばあい》には、余震《よしん》（大地震《おおじしん》のあとは、大小《だいしょう》の地震《じしん》が数回起《すうかいお》こる）でさらに家《いえ》が痛《いた》むかもしれない。
家《いえ》から離《はな》れた方《ほう》がいいよ。

家具《かぐ》などの下敷《したじ》きで動《うご》けなくなったら？

ガンガン！

声《こえ》を出《だ》し続《つづ》けると体力《たいりょく》がなくなるので、まわりに落《お》ちているかたい物《もの》をたたいて音《おと》を出《だ》して、自分《じぶん》の存在《そんざい》を知《し》らせよう！

避難指示《ひなんしじ》は誰《だれ》がどんな方法《ほうほう》で出《だ》すの？

避難《ひなん》してください!!

みんなの住《す》む地域《ちいき》から、さまざまな方法《ほうほう》で出《だ》されます。屋外《おくがい》スピーカを使《つか》って呼《よ》びかけたり、広報車《こうほうしゃ》や消防車《しょうぼうしゃ》で各地《かくち》を実際《じっさい》に走《はし》り回《まわ》って呼《よ》びかけたり、登録制《とうろくせい》のメールを使用《しよう》したり、スマートフォンのアプリケーションを通《つう》じて発令《はつれい》するなど、多《おお》くの方法《ほうほう》を使《つか》って知《し》らせています。家《いえ》が安全《あんぜん》な状態《じょうたい》でも、避難指示《ひなんしじ》が出《で》たときは逃《に》げてね。

阪神《はんしん》・淡路《あわじ》大震災《だいしんさい》／神戸《こうべ》市《し》東灘《ひがしなだ》区《く》住吉本町《すみよしほんまち》2-1

地震《じしん》がおさまっても安心《あんしん》しないで！ 二次災害《にじさいがい》での避難《ひなん》もある！

●木造建築《もくぞうけんちく》の多《おお》い住宅地《じゅうたくち》は、他《ほか》の家《いえ》で火事《かじ》が出《で》るとたちまち燃《も》えひろがる。
近《ちか》くで火事《かじ》を見《み》つけたら、安全《あんぜん》なところへ避難《ひなん》しよう！
(36・37pで詳《くわ》しく解説《かいせつ》しているよ。)

●崖《がけ》の近《ちか》く、山《やま》の近《ちか》くは土砂災害《どしゃさいがい》の危険《きけん》があるよ。崩《くず》れてから逃《に》げるのでは手遅《ておく》れ。
近《ちか》くの大人《おとな》の手《て》を借《か》りて、早《はや》めに崖《がけ》から遠《とお》い方向《ほうこう》へ逃《に》げよう！
(39pで詳《くわ》しく解説《かいせつ》しているよ。)

●海沿《うみぞ》い、河口《かこう》の川沿《かわぞ》いは、津波《つなみ》の危険《きけん》があるよ。
高台《たかだい》や、頑丈《がんじょう》な建物《たてもの》の中《なか》のできるだけ上《うえ》の階《かい》へ避難《ひなん》しよう！
(40・41pで詳《くわ》しく解説《かいせつ》しているよ。)

家《いえ》で待《ま》つ場合《ばあい》

家族《かぞく》と連絡《れんらく》が取《と》れていない時《とき》は、大人《おとな》の人《ひと》に声《こえ》をかけてね。

家《いえ》が壊《こわ》れていない、そのまま家《いえ》で安全《あんぜん》に過《す》ごせる、火事《かじ》など二次災害《にじさいがい》の危険《きけん》がない、避難指示《ひなんしじ》も出《で》ないときは、なるべく家《いえ》で過《す》ごします。
避難所《ひなんじょ》には収容人数《しゅうようにんずう》の限界《げんかい》があるので、本当《ほんとう》に避難《ひなん》が必要《ひつよう》な人《ひと》が入《はい》ります。子供《こども》たちは一人《ひとり》で判断《はんだん》しないで！　近所《きんじょ》の大人《おとな》たちに声《こえ》をかけて相談《そうだん》しよう！

写真提供　神戸市

日頃《ひごろ》から、家族《かぞく》で打《う》ち合《あ》わせしておこう！

状況《じょうきょう》はさまざま。災害《さいがい》の時《とき》に家《いえ》に居《い》るべきか、避難《ひなん》するべきか、家族《かぞく》のみんなで話《はな》しておこう！

家族《かぞく》で集《あつ》まる避難場所《ひなんばしょ》を具体的《ぐたいてき》に決《き》めておこう！
みんなの住《す》む、市区町村《しくちょうそん》で決《き》められた避難所《ひなんじょ》を調《しら》べておこう！

避難所《ひなんじょ》の種類《しゅるい》の例《れい》 避難所《ひなんじょ》は状況《じょうきょう》によって、段階的《だんかいてき》にわけられています。

一時避難所《いっときひなんじょ》	一時的《いちじてき》に身《み》を守《まも》る場所《ばしょ》。公園《こうえん》、空地《あきち》など。
一次避難所《いちじひなんじょ》	自宅《じたく》が倒壊《とうかい》したり、火事《かじ》で焼《や》けてしまったり、またはその危険《きけん》がある場合《ばあい》に、一定期間生活《いっていきかんせいかつ》するところ。 ［★しんちゃんは一人《ひとり》ぼっちだったことや、近所《きんじょ》の火災《かさい》で危険《きけん》が迫《せま》っていたことを考慮《こうりょ》して隣《とな》りの北本《きたもと》さんが一次避難所《いちじひなんじょ》へ連《つ》れて行《い》きました。］
二次避難所《にじひなんじょ》	ケガをした人《ひと》、妊娠《にんしん》をしている人《ひと》、赤《あか》ちゃん、高齢者《こうれいしゃ》など、一次避難所《いちじひなんじょ》での避難生活《ひなんせいかつ》が困難《こんなん》な人《ひと》や家族《かぞく》が入《はい》ります。

連絡方法《れんらくほうほう》を決《き》めておこう！

「災害伝言《さいがいでんごん》ダイヤル171」を利用《りよう》する。災害用伝言板《さいがいようでんごんばん》を利用《りよう》する。
Twitter《ツイッター》、LINE《ライン》、Facebook《フェイスブック》などのソーシャル・ネットワーキング・サービス（SNS《エスエヌエス》）を活用《かつよう》する。
災害時《さいがいじ》でも電話《でんわ》がつながりやすい遠《とお》くに住《す》む親戚《しんせき》を中継点《ちゅうけいてん》にして、お互《たが》いの無事《ぶじ》を確《たし》かめ合《あ》う方法《ほうほう》もある。
※78-81pで詳《くわ》しく解説《かいせつ》しているよ。

電気《でんき》、ガス、水道《すいどう》が止《と》まると困《こま》ることがいっぱい！

止《と》まってしまうと出来《でき》ないことがたくさんあって、ビックリするよ！

電気《でんき》ストーブもエアコンもダメなんだ〜
でんきがつかない！まっくらだわっ！
ごはんのしたくもできないわ
水《みず》もでないしおふろもわかせないよ〜
もりもりー
どかーんっ
このままオラがうんこしつづけたら…
うげーっ

災害時《さいがいじ》に家《いえ》で過《す》ごすには、最低《さいてい》でも3日分《みっかぶん》、できれば１週間《しゅうかん》分《ぶん》の水《みず》や食料《しょくりょう》が必要《ひつよう》！　非常《ひじょう》用《よう》トイレもかかせない！
備蓄《びちく》は大切《たいせつ》なんだね。

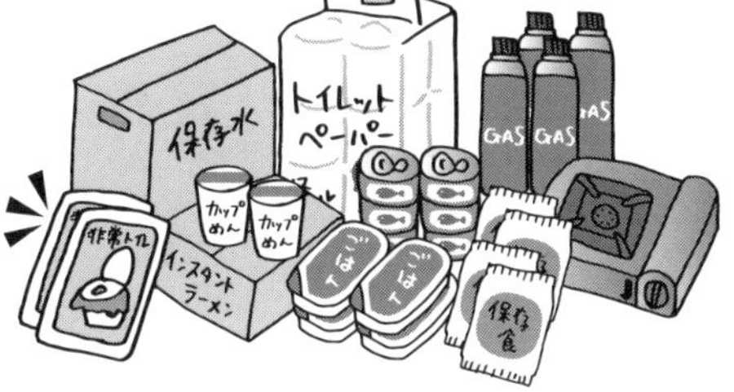
保存水
トイレット
ペーパー
カップめん
カップめん
非常トイレ
インスタント
ラーメン
ごはん
ごはん
GAS
GAS
保存食

ペットボトル開封後《かいふうご》は冷蔵保存《れいぞうほぞん》でも２､３日以内《にちいない》の消費《しょうひ》が基準《きじゅん》。室温《しつおん》では細菌《さいきん》が増《ふ》えやすく、口《くち》をつけて飲《の》めば細菌《さいきん》はさらに増《ふ》える。用途《ようと》ごとに内容量《ないようりょう》のちがう飲料水《いんりょうすい》を備《そな》えておこう。

まとめ

避難所《ひなんじょ》は、自宅《じたく》にいられなくなった人《ひと》が入《はい》る場所《ばしょ》

↓ **さらに**

人口《じんこう》の多《おお》い街《まち》では避難所《ひなんじょ》の数《かず》が足《た》りない

↓ **つまり**

できる限《かぎ》り、自宅《じたく》での避難生活《ひなんせいかつ》をおくりたい

↓ **だから**

家具《かぐ》の固定《こてい》をして、食料《しょくりょう》・水《みず》など生活《せいかつ》に必要《ひつよう》な物《もの》を備《そな》え、なるべく不自由《ふじゆう》を少《すく》なく、自宅《じたく》で過《す》ごせるようにする！

家《いえ》に居《い》た方《ほう》がいいの？ 避難所《ひなんじょ》へ行《い》くべきなの？

備《そな》えておこう！ 持《も》ち出《だ》し袋《ぶくろ》

もっとも必要《ひつよう》なもの

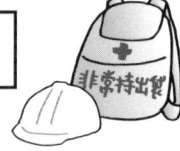

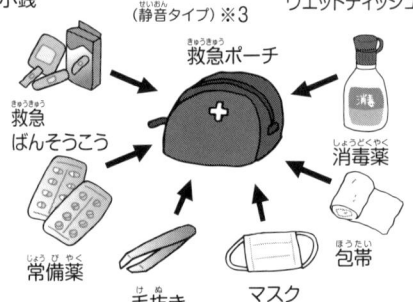

- ヘルメット
- 携帯《けいたい》ラジオ
- ヘッドライト（家族人数分《かぞくにんずうぶん》）
- 水《みず》・非常食《ひじょうしょく》（家《いえ》には3～7日分《かぶん》）
- ホイッスル
- 乾電池《かんでんち》
- レインコート
- 衣類《いるい》
- 大判《おおばん》ハンカチ
- タオル・ティッシュ
- 皮手袋《かわてぶくろ》 ※1
- ビニール袋《ぶくろ》・レジ袋等《ぶくろなど》
- 紙《かみ》コップ・紙皿《かみざら》やキャンプ用《よう》アルミ製食器《せいしょっき》
- ラップ※2
- 携帯《けいたい》トイレ
- マジックペン
- 小銭《こぜに》
- アルミブランケット（静音《せいおん》タイプ）※3
- 口腔《こうくう》ケア用《よう》ウエットティッシュ
- 救急《きゅうきゅう》ポーチ
  - 救急《きゅうきゅう》ばんそうこう
  - 消毒薬《しょうどくやく》
  - 常備薬《じょうびやく》
  - 包帯《ほうたい》
  - 毛抜《けぬ》き
  - マスク

※1 軍手《ぐんて》はガラス片《へん》やくぎや危険物《きけんぶつ》があみ目《め》を突《つ》きやぶりやすいです。
※2 紙皿《かみざら》などにかぶせて使《つか》うと、とりかえて皿《さら》を再使用《さいしよう》できます。
※3 音《おと》が出《で》るタイプは避難所《ひなんじょ》で騒音《そうおん》トラブルのもとになりやすいです。

リュックが重《おも》くならないように置《お》いて行《い》ったおもちゃ。避難所《ひなんじょ》では心《こころ》を癒《いや》すために、おもちゃが必要《ひつよう》になることもあるので、荷物《にもつ》の量《りょう》を見《み》ながら、まわりの人《ひと》の迷惑《めいわく》にならない遊《あそ》び道具《どうぐ》を選《えら》んで持《も》っていくのは構《かま》わないよ。

人《ひと》によって違《ちが》う必要《ひつよう》なもの

★赤《あか》ちゃんのいるお母《かあ》さん

ミルク・哺乳瓶《ほにゅうびん》

離乳食《りにゅうしょく》

紙《かみ》おむつ

除菌《じょきん》ウェットティッシュ

★お父《とう》さん

貴重品《きちょうひん》 通帳《つうちょう》やお金《かね》

★お年寄《としよ》り

常備薬《じょうびやく》とお薬手帳《くすりてちょう》

入《い》れ歯《ば》洗浄剤《せんじょうざい》

補聴器《ほちょうき》と電池《でんち》

使《つか》い捨《す》てカイロ

柔《やわ》らかい非常食《ひじょうしょく》

老眼鏡《ろうがんきょう》

家《いえ》に備《そな》えておくと便利《べんり》なもの

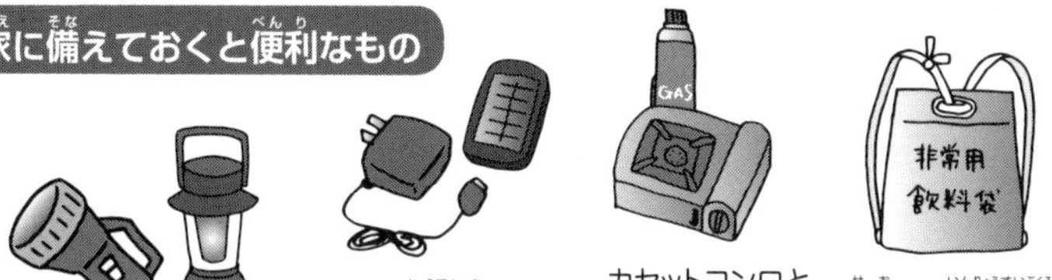

懐中電灯《かいちゅうでんとう》やLED《エルイーディ》ランタン（全室分《ぜんしつぶん》）

ソーラー充電器《じゅうでんき》
電池式充電器《でんちしきじゅうでんき》
モバイルバッテリーなど

カセットコンロとガスボンベ（1カ月分《げつぶん》・約《やく》15本《ほん》）

背負《せお》える飲料水袋《いんりょうすいぶくろ》

新聞紙《しんぶんし》

ガムテープ

クーラーボックス・保冷剤《ほれいざい》

アルコール消毒液《しょうどくえき》

ドライシャンプー

携帯《けいたい》トイレ（4人家族《にんかぞく》1週間分《しゅうかんぶん》・約《やく》70枚《まい》）

家《いえ》でまとめておきたい大切《たいせつ》なもの

家族写真《かぞくしゃしん》

健康保険証《けんこうほけんしょう》

預金通帳《よきんつうちょう》と印鑑《いんかん》

用意《ようい》が出来《でき》たら実際《じっさい》に背負《せお》ってみよう！

ひとりひとりの背負《せお》える分《ぶん》、本当《ほんとう》に必要《ひつよう》な物《もの》を、しっかり考《かんが》えようね！

詰《つ》める順番《じゅんばん》アドバイス！

底《そこ》の方《ほう》は、タオルや下着《したぎ》などを。上部《じょうぶ》へ行《い》くほど、水《みず》など重《おも》い物《もの》を！背負《せお》った時《とき》に重《おも》さを感《かん》じにくくなる。登山《とざん》をする人《ひと》も同《おな》じように詰《つ》めるんだよ。

中身《なかみ》の点検《てんけん》！

毎年《まいとし》、決《き》まった日《ひ》にちを決《き》めて、保存食《ほぞんしょく》や水《みず》の消費期限《しょうひきげん》をチェックしよう！

忘《わす》れない日《ひ》！

新学期《しんがっき》が始《はじ》まるとき。家族《かぞく》のお誕生日《たんじょうび》。大《おお》きな地震《じしん》が起《お》きた日《ひ》（9/1関東大震災《かんとうだいしんさい》、1/17阪《はん》神《しん》・淡路大震災《あわじだいしんさい》、3/11東日本大震災《ひがしにほんだいしんさい》）など。

置《お》き場所《ばしょ》！

いざという時《とき》に取《と》り出《だ》しづらい場所《ばしょ》では役《やく》にたたない。廊下《ろうか》や玄関《げんかん》など、持《も》ち出《だ》しやすいところに！　ペット用《よう》の荷物《にもつ》は73ｐで解説《かいせつ》しているよ。

防災《ぼうさい》カードを準備《じゅんび》しよう！

ひとりぼっちの時《とき》、迷子《まいご》になってしまった時《とき》、ケガをしてしまった時《とき》、自分《じぶん》のことや家族《かぞく》の連絡先《れんらくさき》が記入《きにゅう》された「防災《ぼうさい》カード」を持《も》っていると、助《たす》けられた時《とき》に役《やく》に立《た》つよ。

★この本《ほん》の付録《ふろく》の「ガイドブック＆マニュアルブック」を作《つく》って、必要事項《ひつようじこう》を書《か》いて持《も》ち歩《ある》こう！（協力：NPO法人プラス・アーツ+文平銀座）

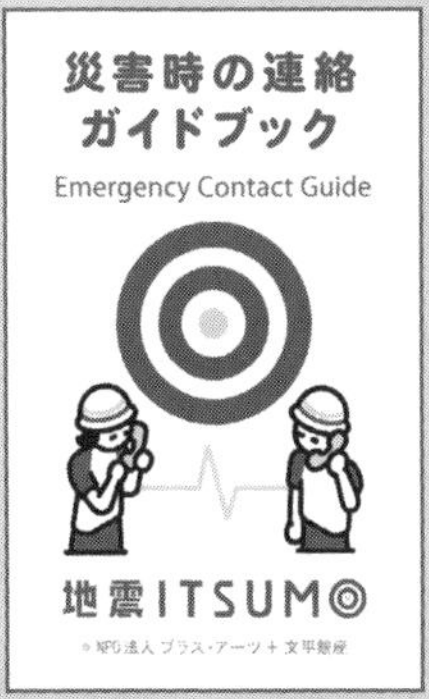
災害時の連絡
ガイドブック
Emergency Contact Guide
地震ITSUMO

自宅避難
マニュアル
ブック
Jitaku-Hinan
Manual
Book
地震ITSUMO

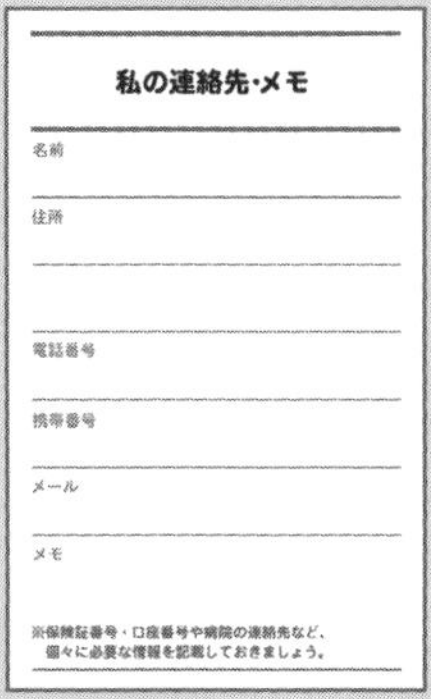
私の連絡先・メモ

名前

住所

電話番号

携帯番号

メール

メモ

※保険証番号・口座番号や病院の連絡先など、
個々に必要な情報を記載しておきましょう。

※～保護者《ほごしゃ》の方《かた》へ～
防犯上《ぼうはんじょう》、悪用《あくよう》される危険《きけん》がありますので、お子様《こさま》が携帯《けいたい》される場合《ばあい》、お取《と》り扱《あつか》いには十分《じゅうぶん》ご注意下《ちゅういくだ》さい。

記入《きにゅう》しておきたいこと！

●枠内《わくない》に、自分《じぶん》の名前《なまえ》、住所《じゅうしょ》、電話番号《でんわばんごう》や携帯番号《けいたいばんごう》、メールアドレス
●メモの部分《ぶぶん》に、自分《じぶん》にとって必要《ひつよう》だと思《おも》う情報《じょうほう》
（性別《せいべつ》、血液型《けつえきがた》、生年月日《せいねんがっぴ》、幼稚園《ようちえん》・学校名《がっこうめい》、持病《じびょう》やアレルギーの有無《うむ》、通《かよ》っている病院《びょういん》、飲《の》んでいる薬《くすり》など）
●家族《かぞく》や、安否《あんぴ》（元気《げんき》でいるかどうか）確認《かくにん》をとりたい人《ひと》の連絡先《れんらくさき》
●安否情報《あんぴじょうほう》をとりついでくれる親戚《しんせき》などの連絡先《れんらくさき》

防災《ぼうさい》カードを作《つく》って持《も》とうね！

★学生手帳《がくせいてちょう》、パスケース、お財布《さいふ》の中《なか》にいつも入《い》れておいてね。

痛《いた》い！ ケガの応急手当《おうきゅうてあ》て！

災害時《さいがいじ》は、電話《でんわ》がつながりにくいし、救急車《きゅうきゅうしゃ》を必要《ひつよう》とする人《ひと》が多《おお》いうえ、通《とお》れる道路《どうろ》が少《すく》なくなったりして、すぐに助《たす》けを呼《よ》べないんだ。

運《うん》よく病院《びょういん》にたどりつけても、そこは多《おお》くの人《ひと》であふれ、手当《てあ》ては、命《いのち》にかかわる人《ひと》、症状《しょうじょう》が重《おも》い人《ひと》から順番《じゅんばん》におこなわれるよ。
どんなに痛《いた》くても、キミのケガが他《ほか》の人《ひと》より軽《かる》いものだった時《とき》は、すぐに手当《てあ》てを受《う》けられない。だから、自分《じぶん》で出来《でき》る応急手当《おうきゅうてあ》てが必要《ひつよう》なんだ。
さあ！ 応急手当《おうきゅうてあ》ての練習《れんしゅう》をしてみよう！ 一人《ひとり》で上手《じょうず》に出来《でき》るかな？

出血《しゅっけつ》は、傷《きず》を直接《ちょくせつ》さわらない！ 傷口《きずぐち》は心臓《しんぞう》より高《たか》い位置《いち》に！

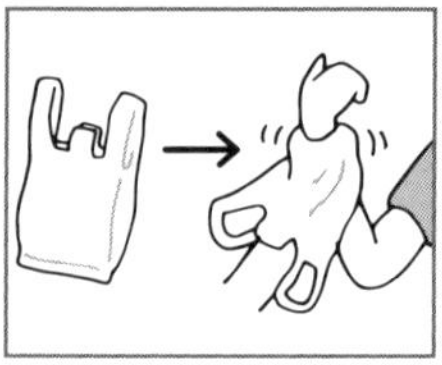

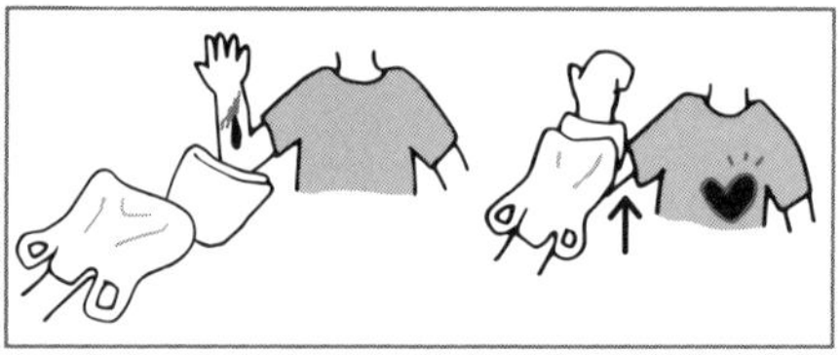

❶ 手《て》を清潔《せいけつ》なビニール袋《ふくろ》（スーパーのレジ袋《ふくろ》など）や手袋《てぶくろ》で覆《おお》う。

❷ 傷口《きずぐち》には清潔《せいけつ》な布《ぬの》などを当《あ》て、心臓《しんぞう》より高《たか》い位置《いち》まで上《あ》げて、ビニール袋等《ふくろなど》で覆《おお》った方《ほう》の手《て》で、傷口《きずぐち》を強《つよ》くおさえて血《ち》を止《と》める。

❸ 血《ち》が止《と》まったら、清潔《せいけつ》な布《ぬの》を巻《ま》いて傷口《きずぐち》を保護《ほご》する。

やけどは、冷《ひ》やす！ 水《みず》ぶくれをやぶらない！

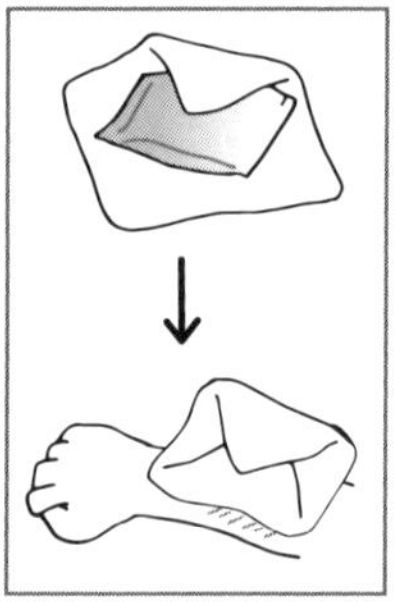

❶ 流水《りゅうすい》で痛《いた》みがなくなるまで15分以上《ふんいじょう》冷《ひ》やす。

❷ 水《みず》ぶくれがやぶれると、そこから雑菌《ざっきん》が入《はい》って危険《きけん》。

❸ 衣服《いふく》は着《き》たまま冷《ひ》やすか、脱《ぬ》ぐときに水《みず》ぶくれがやぶれないよう、服《ふく》を切《き》りさいて冷《ひ》やすこと。
水道《すいどう》が止《と》まって、流水《りゅうすい》を使《つか》えないときはペットボトルの水《みず》などで浸《ひた》した清潔《せいけつ》な布《ぬの》を、やけど部分《ぶぶん》にあてて繰《く》りかえし冷《ひ》やす。保冷剤《ほれいざい》があれば、布《ぬの》に包《つつ》んで冷《ひ》やす（直接《ちょくせつ》、肌《はだ》に当《あ》てないようにね）。

骨折《こっせつ》は、とにかく固定《こてい》！

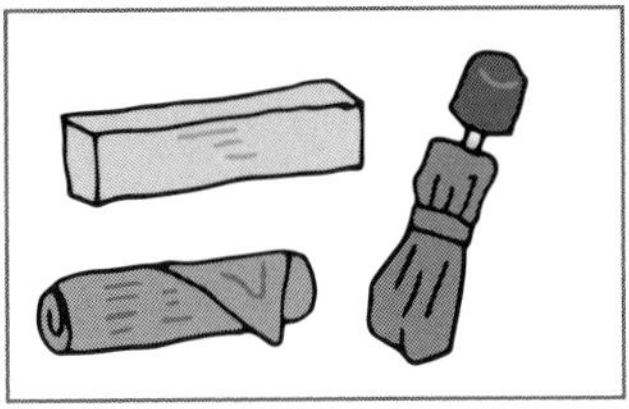

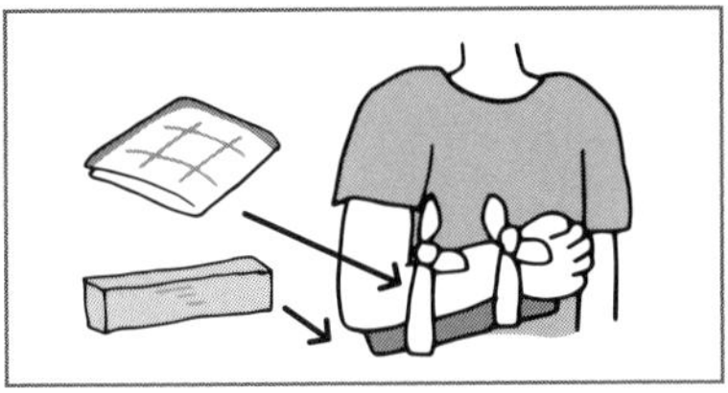

❶ 折《お》れた骨《ほね》を固定《こてい》する添《そ》え木《ぎ》として、長《なが》さの合《あ》う棒《ぼう》、板《いた》、傘《かさ》、新聞《しんぶん》、雑誌《ざっし》などを探《さが》す。

※新聞《しんぶん》は折《お》りたたむとかたくなる

❷ 折《お》れた部分《ぶぶん》の上下《じょうげ》に添《そ》え木《ぎ》をあてて、ヒモや、大《おお》きいハンカチなどで固定《こてい》する。

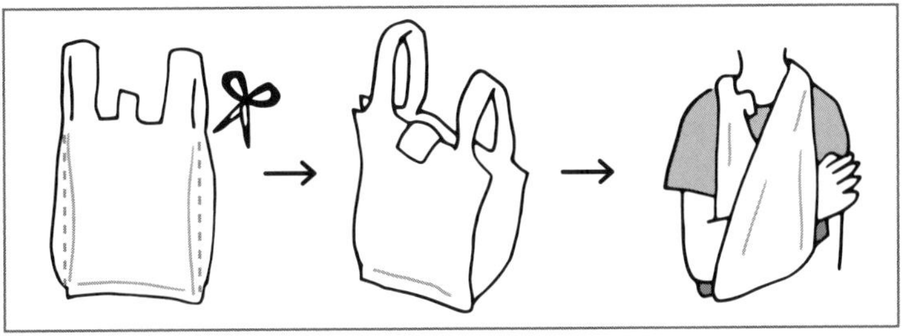

❸ 腕《うで》なら三角巾《さんかくきん》、タオル、レジ袋《ぶくろ》などを使《つか》って首《くび》からつるす。

☆大活躍《だいかつやく》する道具《どうぐ》！

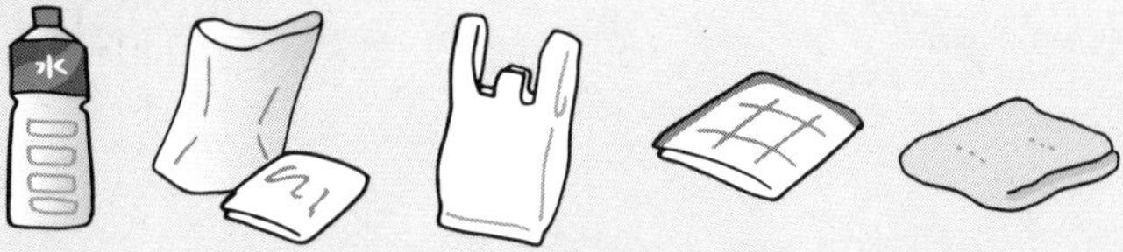

水《みず》・ビニール袋《ぶくろ》・レジ袋《ぶくろ》・大《おお》きめのハンカチ（持《も》ち歩《ある》くハンカチを大《おお》きめに変《か》えよう！ マスクのかわりにもなるよ）やタオル。

水《みず》は命《いのち》をつなぐためにも、応急手当《おうきゅうてあ》てにも、ぜったいに欠《か》かせないことが分《わ》かったね！

応急処置《おうきゅうしょち》の後《あと》は、出来《でき》る限《かぎ》り早《はや》く病院《びょういん》などの医療機関《いりょうきかん》へ！！

まんが4

オラ、ひとりでも出《で》来《き》たゾ！

あん
あん
ぴょん
ぴょん
ぬぬぬ
プルプル
プル
無理《むり》…
ああ
ガクリ
ああ
無念《むねん》
は！
お！
えへ〜
ザッ
てやぁ
切《きる》
ひっかけ
ポチッ
ーっ

パンパカ♪
♪パーーン
フッ
あれ
オラ何《なに》してるの?
???
これ
40A
切
なに?
ウウウ〜
わわわわわわ!
火事《かじ》いやああー!
キャーおたすけー
ぴゅ〜〜〜
しんのすけには触《ふ》れられない…けど 強《つよ》い気持《きも》ちは届《とど》くのか? よし! 思《おも》いをこめて!!
しんのすけ 座布団《ざぶとん》かぶってヘルメットがわりにしろ! 火《ひ》の粉《こ》には気《き》をつけろよ 燃《も》えちゃうから
安全《あんぜん》な方角《ほうがく》へ逃《に》げろ!!
それから底《そこ》が厚《あつ》めで歩《ある》きやすい靴《くつ》をはいたらしっかり注意《ちゅうい》して
ブ
ラジャー!
え? オラ
こわいんですけど…
何《なに》にお返事《へんじ》したの?
やっぱりそうなんだな
で俺《おれ》は?
どうしたんだっけ…
キャー
ワー
あーなって
はっ!
グラッ
こーで
みさえ! しんのすけ! ひまわり!
こう…
…

てとてと
トン
ふんっ！
アン！
ずしっ
アン？
あらぁ
!! 重《おも》っ
とっとっとっ
すかっ
ぎゅっ
てけてけてけっ
わかっているけど切《せつ》ない…
ずーん
ふーっ
あぶねーっ
無理《むり》なく背《せ》おえる重《おも》さにしないとダメだろしんのすけ
しょぼん
しんちゃんかい？
ガチャ
お
大丈夫《だいじょうぶ》だったかい？
ママは？
お電話《でんわ》がケンカで母《かあ》ちゃんおケイおばさんと大泣《おおな》きでひまわりは夫婦《ふうふ》で一緒《いっしょ》におでかけしたゾ
そそれは大変《たいへん》だったね一緒《いっしょ》に火事《かじ》と逆方向《ぎゃくほうこう》の避難《ひなん》所《じょ》へ急《いそ》ごう！
さっぱりわかんねーわ
ママとパパに会《あ》えるように手紙《てがみ》を貼《は》って行《い》こうね
野原さん しんちゃんを連れて○○小学校へ行きます 北本

ペコ
しんのすけを
頼《たの》みます…
ごめんな
俺《おれ》がしんのすけをひとりにしちまったんだよな
俺《おれ》の大《おお》バカヤロー
そうだ!
みさえは? ひまわりは?
シュッ
大《おお》きな地震《じしん》で怖《こわ》かったろ?
なで なで
おばさんも驚《おどろ》いたよ
うんこが流《なが》れないの
地震《じしん》も
母《かあ》ちゃんも
オラ怖《こわ》い
そ
そりゃお気《き》の毒《どく》に…
防災マップ
…
どうしたんだい しんちゃん?
防災マップ
父《とう》ちゃんが
帰《かえ》って来《き》たような気《き》がしたんだゾ
野原《のはら》さんもじきに戻《もど》ってくるさ
いやーしかし地震《じしん》とは大《たい》変《へん》ですな 手《て》についた うんこも洗《あら》えないんですもの
あ あはは
できれば それ もっと早《はや》く聞《き》きたかったね
でどっちの手だい?
右
うっ さっ 急《いそ》ぐよ
チラ
父《とう》ちゃん…

つづく

解説《かいせつ》4

避難所《ひなんじょ》へ行《い》くことになったら？

避難所《ひなんじょ》へ行《い》くときに注意《ちゅうい》することをお話《はな》しするね
備
ビルや商店《しょうてん》の看板《かんばん》が落《お》ちてくる。
自動販売機《じどうはんばいき》が倒《たお》れる。
エアコンの室外機《しつがいき》も落《お》ちてくる。
街全体《まちぜんたい》がとっても危険《きけん》な状態《じょうたい》になる！

灘区《なだく》稗原町《ひえはらちょう》1丁目《ちょうめ》·永手町《ながてちょう》5丁目《ちょうめ》 南北道路《なんぼくどうろ》の南《みなみ》を望《のぞ》む

川沿《かわぞ》いの道路《どうろ》が手《て》すりごと崩《くず》れ落《お》ちる。

中央区《ちゅうおうく》・宇治川《うじかわ》から南《みなみ》を望《のぞ》む

東京《とうきょう》のビルが建《た》ち並《なら》んでいる街《まち》と、木造《もくぞう》の家《いえ》が建《た》ち並《なら》ぶ街《まち》、田畑《たはた》が広《ひろ》がり一軒一軒《いっけんいっけん》の間隔《かんかく》が広《ひろ》い街《まち》などでは、その被害《ひがい》の大《おお》きさや、危険《きけん》な場所《ばしょ》はそれぞれ違《ちが》う。家族《かぞく》や、幼稚園《ようちえん》や学校《がっこう》の先生《せんせい》たちと、いつも歩《ある》く道《みち》の危険《きけん》な場所《ばしょ》を見《み》つけて覚《おぼ》えておいてね。
みんなに合《あ》ったそれぞれの避難《ひなん》を、しっかりと話《はな》し合《あ》っておこう。

倒《たお》れるビル。倒《たお》れないビルからもガラスやタイルが落《お》ちて来《く》る。
電柱《でんちゅう》が倒《たお》れて、電線《でんせん》が切《き》れる。

中央区磯上付近《ちゅうおうくいそがみふきん》

家《いえ》やブロック塀《べい》が倒《たお》れる。倒《たお》れない家《いえ》からも屋根瓦《やねがわら》や窓《まど》ガラスの破片《はへん》が降《ふ》って来《く》る。

道路《どうろ》が陥没《かんぼつ》して割《わ》れたり、液状化《えきじょうか》でマンホールが飛《と》び出《だ》し水《みず》浸《びた》しになったりする。

兵庫区《ひょうごく》・崩壊《ほうかい》した大開通《だいかいどお》り

高速道路《こうそくどうろ》が倒《たお》れ、車《くるま》が飛《と》び出《だ》してくる。信号《しんごう》が停止《ていし》して道路《どうろ》は大渋滞《だいじゅうたい》になる。

灘区国道《なだくこくどう》43号線岩屋交差点《ごうせんいわやこうさてん》

住宅密集地《じゅうたくみっしゅうち》や商店街《しょうてんがい》では、大火災《だいかさい》が起《お》きやすい。

長田区鷹取商店街《ながたくたかとりしょうてんがい》

1995年《ねん》1月《がつ》17日《にち》に発生《はっせい》した阪神《はんしん》・淡路大震災《あわじだいしんさい》／写真提供　神戸市

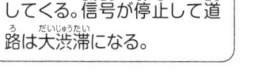

外《そと》へ出《で》るときの注意《ちゅうい》!

外《そと》は危険《きけん》がいっぱいだから、できるだけ装備《そうび》をしてから出《で》てね!

頭《あたま》を守《まも》る。ヘルメット、防災頭巾《ぼうさいずきん》など。

マスクやハンカチで鼻《はな》と口《くち》を覆《おお》う。建物《たてもの》がくずれたほこり、火事《かじ》の煙《けむり》、割《わ》れた道路《どうろ》からもほこり、地震《じしん》のあとは呼吸《こきゅう》がつらいよ。

夜《よる》の避難《ひなん》になったら、両手《りょうて》が使《つか》えるヘッドライトが役《やく》に立《た》つ。

持《も》ち出《だ》し袋《ぶくろ》を背《せ》おう。

冬《ふゆ》の避難《ひなん》は寒《さむ》いから、あたたかい服《ふく》を着《き》てね。避難所《ひなんじょ》の暖房設備《だんぼうせつび》もすぐには整《ととの》わないよ。
レインコートは突然《とつぜん》の雨《あめ》にも、風《かぜ》やほこりを防《ふせ》ぐのにも役《やく》に立《た》つよ。

破《やぶ》れにくい皮《かわ》の手《て》袋《ぶくろ》。素手《すで》でさわるとケガをするものが外《そと》にはいっぱい!

靴《くつ》は歩《ある》きやすい靴《くつ》を。割《わ》れたガラス、がれきを踏《ふ》んだ時《とき》に怪我《けが》を防《ふせ》ぐため、靴底《くつぞこ》は厚《あつ》めがいいよ。

余震《よしん》について

大《おお》きな地震《じしん》のあとは、なんどか揺《ゆ》れを繰《く》り返《かえ》す。これを**余震《よしん》**と言《い》うよ。
大《おお》きな余震《よしん》もあるから、しばらく用心《ようじん》だよ！！

家《いえ》の戸締《とじま》り、鍵《かぎ》

家《いえ》の中《なか》がめちゃくちゃで鍵《かぎ》をさがせない。でもすぐに避難《ひなん》しないと命《いのち》が危《あぶ》ない。
家族《かぞく》はキミの命《いのち》が一番大切《いちばんたいせつ》なんだ！
こんなときは、**そのまま避難《ひなん》だよ！**

大人《おとな》と一緒《いっしょ》に！

★一人《ひとり》ぼっちの時《とき》に災害《さいがい》にあったら、迷《まよ》わず
近所《きんじょ》の大人《おとな》に助《たす》けを求《もと》めよう！
★日《ひ》ごろから、ご近所同士《きんじょどうし》の挨拶《あいさつ》、お話《はなし》がとても大切《たいせつ》！
知《し》り合《あ》いの大人《おとな》は、キミが困《こま》っている時《とき》、声《こえ》をかけてくれるだろう。
キミも、知《し》り合《あ》いの大人《おとな》になら、助《たす》けを呼《よ》びやすいよね？

エレベーターを使《つか》わない

階数《かいすう》の高《たか》いマンションなどに住《す》んでいても**エレベーターは使《つか》わないで、階段《かいだん》で移動《いどう》しよう！**
地震直後《じしんちょくご》にエレベーターが動《うご》いていても、乗《の》っている間《あいだ》に止《と》まってしまうかもしれないよ。閉《と》じ込《こ》められても、大地震《おおじしん》のあとは、すぐに助《たす》けが来《こ》ないよ！
ただし、階段《かいだん》の安全《あんぜん》をしっかり確認《かくにん》してね。
（エレベーターに閉《と》じ込《こ》められた時《とき》の行動《こうどう》は29pの4コマまんがを読《よ》んでね）

避難所《ひなんじょ》についたら

家《いえ》を出《で》る時《とき》に手紙《てがみ》を残《のこ》そう!

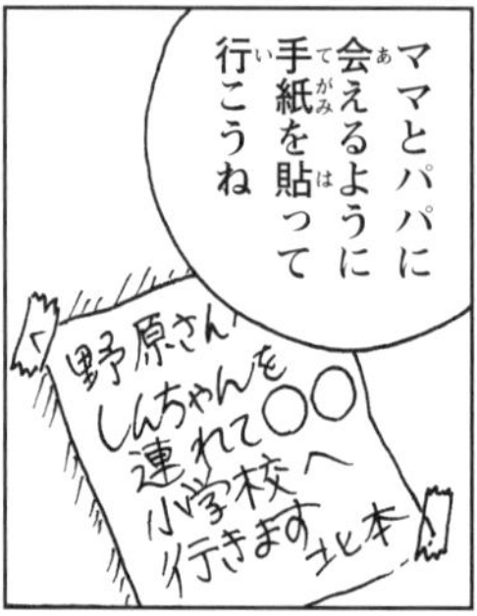

家《いえ》を離《はな》れる時《とき》、お父《とう》さんお母《かあ》さんが心《しん》配《ぱい》しないように、手紙《てがみ》を残《のこ》そう!
例《たと》えば、ガムテープに伝言《でんごん》を書《か》いて、玄《げん》関扉《かんとびら》などの内側《うちがわ》に貼《は》るのもいいよね。
内側《うちがわ》に貼《は》るのは防犯《ぼうはん》のためだよ。

避難所《ひなんじょ》についたら受付《うけつけ》へ行《い》こう!

受付《うけつけ》の場所《ばしょ》が設置《せっち》されていたら、自分《じぶん》の名前《なまえ》や、家族《かぞく》が一緒《いっしょ》ではないことなど、状況《じょうきょう》を知《し》らせておこう。
「今《いま》、気分《きぶん》が悪《わる》いの」
「ケガをしていて○○が痛《いた》いです」
「○○の病気《びょうき》で、病院《びょういん》に通《かよ》っているの」など、困《こま》ったことは、一人《ひとり》で我慢《がまん》しないで受付《うけつけ》で必《かなら》ず相談《そうだん》しておこう!

決《き》めておいた場所《ばしょ》から移動《いどう》するとき

家族《かぞく》と話《はな》し合《あ》って決《き》めていた場所《ばしょ》、置手紙《おきてがみ》をしておいた場所《ばしょ》などが満員《まんいん》で入《はい》れず、行《い》き先《さき》が変《か》わってしまう場合《ばあい》もあるよ。そんな時《とき》は、家族《かぞく》と会《あ》えるように、避難所《ひなんじょ》の受付《うけつけ》で「自分《じぶん》の名前《なまえ》、家族《かぞく》の名前《なまえ》、次《つぎ》に行《い》く避難場《ひなんば》所《しょ》」などを伝言《でんごん》してね。

ここ満員《まんいん》かい？
この子《こ》の親《おや》がここへ来《き》たら 別《べつ》の避難所《ひなんじょ》へ行《い》った事《こと》を知《し》らせてくれるかい？
はい分《わ》かりました
野原《のはら》しんのすけ5歳《さい》！
びしっ
オラ意外《いがい》と逆境《ぎゃっきょう》にもめげず眠《ねむ》れるタイプ！
おねいさんは〜？
はい はい！で…
お父《とう》さん お母《かあ》さんのお名前《なまえ》は？
アハーン
もう両親《りょうしん》にごあいさつ？
おねいさんたら お気《き》が早《はや》いんだから〜ん
こんな時《とき》にアンタって子《こ》は…
トホホ

しんちゃんのように、受付《うけつけ》でふざけてはいけませんよ！

避難所《ひなんじょ》で家族《かぞく》を待《ま》つ

避難所《ひなんじょ》には知《し》らない人《ひと》がいっぱい。
なれないところで不安《ふあん》だと思《おも》うけど、家族《かぞく》はキミを一生懸命《いっしょうけんめい》さがしているよ！！
まわりの人《ひと》とコミュニケーションをとって、強《つよ》い気持《きも》ちで、しっかりね。

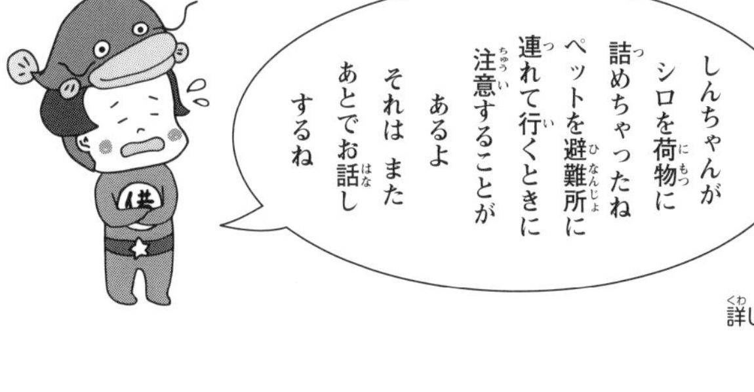
しんちゃんがシロを荷物《にもつ》に詰《つ》めちゃったね
ペットを避難所《ひなんじょ》に連《つ》れて行《い》くときに注意《ちゅうい》することがあるよ
それは またあとでお話《はな》しするね

詳《くわ》しくは72-73pへ

まんが5

避難所《ひなんじょ》へ行《い》くゾ!

ザワ
ザワ
ザワ
しんちゃん しんちゃん
ハァ
ハァ
ハァ
無事《ぶじ》でいてよ お願《ねが》いだから
みさえ! ひまわり
良《よ》かったぁ～
あぁ
しんのすけは無事《ぶじ》だ 安心《あんしん》しろ
お前《まえ》たちのことは しんのすけに会《あ》えるまで 俺《おれ》が守《まも》るからな!
ザワ
ガヤ
ガヤ
ガヤ
ザワ
ザワ
ガヤ
ガヤ
○○小学校
15時《じ》5分頃《ふんごろ》の地震《じしん》はマグニチュード7 最大震度《さいだいしんど》は6強《きょう》 震源《しんげん》は… その後《あと》の余震《よしん》では…
伝言板
れんらく下さい
私は やまさき
きみ いくつ?
ママは? パパは?
え? 本当《ほんとう》に?
なでなで
こっちでも なでなで

坊《ぼう》や一人《ひとり》でエライのね〜
アハ〜
困《こま》ったら声《こえ》かけなさい
いや〜それほどでも〜
お
風間《かざま》くん！
しんのすけくん？
!?
よ
し…しんのすけ？
ご無事《ぶじ》だったのね〜♡
あーっ
ンもうこんな所《ところ》でよせよ
こらこら
風間《かざま》くんマナーがなってないな〜お静《しず》かにお静《しず》かに
誰《だれ》のせいだよ！
ジロリ
シー
ジロリ
あ…
ジロ
ジロ
しんのすけも同《おな》じ避難所《ひなんじょ》だったのか
風間《かざま》くんのおそばがよかったの〜
おお…おい
すりすり
ああ
?
お
クンクン
うんこのあと水《みず》が止《と》まりましてな〜
つくづく水《みず》の大切《たいせつ》さが身《み》にしみましたよ
じり

げっ
エヘ~
ぷ~ん
まったく こんな時《とき》でも
プッ
変《か》わらないんだな お前《まえ》は…
おい しんのすけのママは?
キョロ
キョロ
ん~
し…しんのすけ?
風間《かざま》…くん
お…
お腹《なか》が減《へ》ったゾ!
ぐるきゅう
ずでで
しんちゃん!
たいや
母《かあ》ちゃんひま!
うっ
しんちゃん しんちゃん しんちゃん
ごめんね~! ひとりにして 怖《こわ》かったね えらかったね
しんの…す…け
た!
おお
よかった よかっ…
ぐし
母ちゃん おうちが大変なんですけど~
イヒー
ひと安心
もー どうでもいい
わーん
みさえ 2人《ふたり》を頼《たの》むな
俺《おれ》は 俺《おれ》は もしかすると
もしかする…と
シュッ

ぎゅるるる〜
おう
母《かあ》ちゃん！
だっ
オラ缶《かん》づめ持《も》って来《き》たんだゾ！
まー！エライわーすごいわー
すたたっ
よっ！男前《おとこまえ》！！色男《いろおとこ》っ！！
こっ
♪
シュッ
あ…
いけね
忘《わす》れてた
ポト
キャーン
キャーン
キャーン
キャーン
ぎゃあぁーぁーぁ
犬うぅぅ
ドシン！
シロったらダメでしょ！
しんちゃん！つかまえて！！
ペコ
ペコ
ペコ
ザワ
ザワ
すみませんすみませんごめんなさい！！
おいで
シロ
キュ〜〜ン
つづく

解説《かいせつ》5

家族《かぞく》の一員《いちいん》！ペットたちの避難《ひなん》について

ペット持《も》ち込《こ》みについて

事前《じぜん》に調《しら》べよう！
みんなの住《す》む街《まち》の避難所《ひなんじょ》では、ペットを受《う》け入《い》れてくれるかな？
受《う》け入《い》れ体制《たいせい》は、残念《ざんねん》ながらまだまだ全国同《ぜんこくおな》じではないので、体制《たいせい》を確認《かくにん》しておこう！！

避難所《ひなんじょ》に受《う》け入《い》れてもらっても、吠《ほ》え癖《ぐせ》や噛《か》み癖《ぐせ》がついていたりすると、大勢《おおぜい》の人《ひと》たちに迷惑《めいわく》がかかる。災害《さいがい》に備《そな》えて、ふだんからのしつけも大切《たいせつ》なんだよ。

ケージの中《なか》でおとなしくしていられる。

ワクチン接種《せっしゅ》と登録《とうろく》をしておく

吠《ほ》えない、噛《か》まない、決《き》まった所《ところ》でトイレができるなどのしつけをしておく。

ペットの毛《け》やフケ、ノミなどにアレルギー反応《はんのう》（はなみず・くしゃみ・呼吸困難《こきゅうこんなん》など）を起《お》こす人《ひと》も居《い》るから充分気《じゅうぶんき》をつけてあげてね。

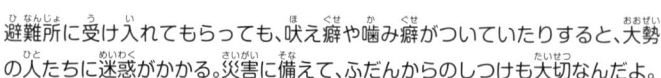

何《なに》を用意《ようい》すればいいの?

避難所《ひなんじょ》でのペットの世話《せわ》に必要《ひつよう》な物《もの》は、家族《かぞく》みんなで準備《じゅんび》しよう!

☆ペット用《よう》非常《ひじょう》持《も》ち出《だ》し袋《ぶくろ》

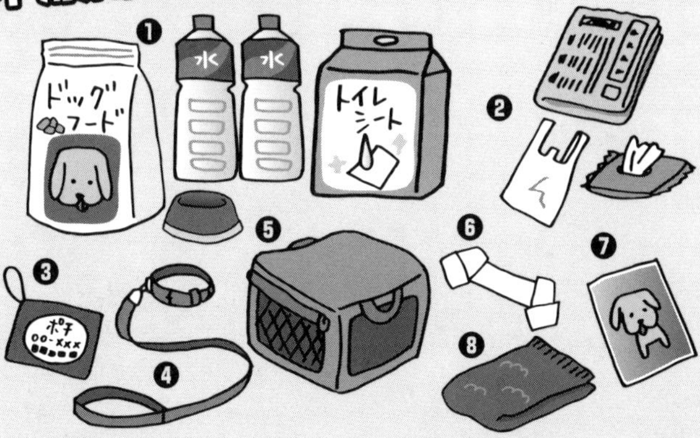
ドッグフード
水
水
トイレシート
ポチ
00-XXX

❶ ペットフード・水《みず》・トイレシート(1週間分程度《しゅうかんぶんていど》)・食事《しょくじ》、水用《みずよう》のお皿《さら》
❷ フンを片付《かたづ》ける道具《どうぐ》(新聞紙《しんぶんし》、ビニール袋《ぶくろ》など)
❸ 名札《なふだ》(飼《か》い主《ぬし》の氏名《しめい》・連絡先《れんらくさき》、病歴《びょうれき》、ワクチン接種有無《せっしゅうむ》)
❹ リード、首輪《くびわ》、ペット用《よう》くつ(歩《ある》かせると犬《いぬ》も足《あし》にケガをする)
❺ ケージまたはキャリーバッグ
❻ ペットが落《お》ち着《つ》く物《もの》(おもちゃなど)
❼ 迷子《まいご》になった場合《ばあい》、捜索用《そうさくよう》にペットの写真《しゃしん》も役立《やくだ》つ。
❽ 飼《か》い主《ぬし》の臭《にお》いのついた物《もの》も用意《ようい》してあげるといいよ。

みんなも「自分《じぶん》が飼《か》い主《ぬし》」という責任《せきにん》と自覚《じかく》をわすれないでね

近年《きんねん》の災害《さいがい》で、避難生活《ひなんせいかつ》を経験《けいけん》した人《ひと》のお話《はなし》によると、ペット受《う》け入《い》れ体制《たいせい》がととのえられた現場《げんば》でも、いろいろなトラブルが起《お》こってしまって大変《たいへん》だったらしいんだ。キャンプ用《よう》のテントを張《は》れる場所《ばしょ》でペットと一緒《いっしょ》に過《す》ごす家族《かぞく》も居《い》たらしい。実際《じっさい》にテントの備《そな》えや場所《ばしょ》の確保《かくほ》は難《むずか》しいので、家族《かぞく》と対策《たいさく》をしっかりお話《はな》ししておこう!

まんが6

母《かあ》ちゃんとひまをお守《まも》りするゾ!

ペット救護所
ワン
ワン
ニャ〜
ニャ〜
キャン
ワン
ワン
ワン
ワン
キュ〜ン
のはら
しんちゃん
怖《こわ》かったでしょうにシロ連《つ》れて来《き》てくれて
ありがと
準備《じゅんび》してなかったママが悪《わる》いんだから 気《き》にしなくていいのよあとで謝《あやま》りに行《い》こうね
コクン
シロも怖《こわ》かったよね〜よしよし
アン!
婆《ばあ》ちゃんオラぁ…
もじもじ
ああ腰《こし》がイタイ!もういいから寝《ね》かせとくれ!
婆《ばあ》ちゃんひとり?
そうさ気楽《きらく》なもんさ

ザワ
ザワ
ザワ
ひとりで 地震《じしん》 こわかった ？
…
オラも 地震《じしん》のとき ひとりだったんだゾ
そ そうなの かい？
でも オラ
缶《かん》づめも お水《みず》もリュック に入《い》れたんだゾ
ほ ほー それは えらかったね
あたた
トン
トン
トン
ムギュ～
水
つめこみっ
アン
ムギュ～
キュ～ン
水
プッ
お腹《なか》 すいてる ？
びくっ
あ いや 大丈夫《だいじょうぶ》さ そのうち 食糧《しょくりょう》が 届《とど》くだろ
あ
ササッ
はは…
ふー

どてっ
痛《いた》っ
ビタン
コロ
コロ
コロ
はっ
コロ
コロ
ほい！それババの三十路缶《みそじかん》食《た》べてみれば〜？
あた
サバのみそ煮《に》だろ？
お骨《ほね》もやわらかいから
母《かあ》ちゃんが「婆《ばあ》ちゃんでも大丈夫《だいじょうぶ》」だって言《い》ってたゾ
うる
…
坊《ぼう》や達《たち》だって必要《ひつよう》だろ？
ポタ
あと3つあるから大丈夫《だいじょうぶ》だゾ
父《とう》ちゃん 母《かあ》ちゃんとオラ！ ひまはまだ赤《あか》ちゃんなんだゾ
そうかい
ずー
赤《あか》ん坊《ぼう》と
一緒《いっしょ》に避難《ひなん》じゃお母《かあ》ちゃんも大変《たいへん》だな
じゃ！
そうだゾ まだ父《とう》ちゃんが会社《かいしゃ》だから オラもう戻《もど》るね

ああ
お母《かあ》ちゃんを
しっかり
守《まも》って
おやり
わーっ
はっはっ
はっ
オラ 母《かあ》ちゃん
とひまを
お守《まも》りするゾ!
特設公衆電話
ダイヤル
171
お?
特設
ダイヤル
171
たう
パパと連絡《れんらく》
とれないの
心配《しんぱい》だわ…
母ちゃん?
父《とう》ちゃん
は無敵《むてき》
だゾ!
そうよね
無敵《むてき》よね!
足臭《あしくさ》いの
も日本一《にっぽんいち》
だし
おヒゲ
ジョリジョリ
攻撃《こうげき》も
最強《さいきょう》だゾ!
ほんと
だ!
負《ま》け
知《し》らずね!
よっしゃー!
だ
だゾ
こいつ〜
お騒《さわ》がせ
小僧《こぞう》だけど
やさしい子《こ》に
育《そだ》ってるじゃん
ぐしっ
みさえー
ファイヤー!!
やー
よし
よし
トントン

つづく

解説《かいせつ》6 できるかな？あの手《て》この手《て》で家族《かぞく》と連絡《れんらく》

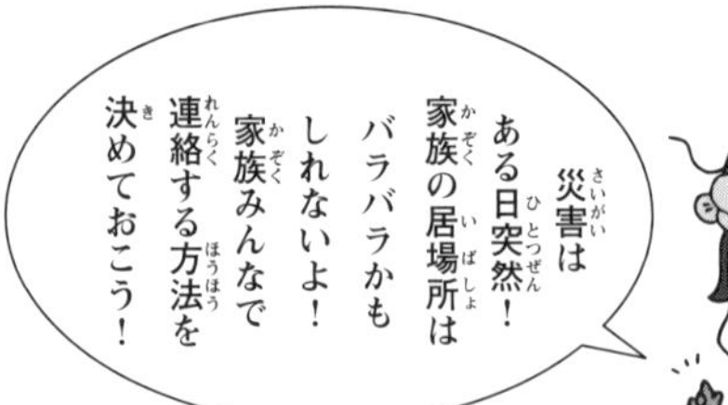
災害《さいがい》は
ある日突然《ひとつぜん》！
家族《かぞく》の居場所《いばしょ》は
バラバラかも
しれないよ！
家族《かぞく》みんなで
連絡《れんらく》する方法《ほうほう》を
決《き》めておこう！

災害時《さいがいじ》の連絡方法《れんらくほうほう》を知《し》る！

● 災害伝言《さいがいでんごん》ダイヤル(171)を利用《りよう》する。（左《ひだり》のページ79pを見《み》てね）

<利用《りよう》できる電話《でんわ》>

★ NTT《エヌティーティー》加入電話《かにゅうでんわ》

★ INS《アイエヌエス》ネット

★ ひかり電話《でんわ》(※INS《アイエヌエス》ネット、ひかり電話《でんわ》のダイヤル式《しき》は不可《ふか》)

★ 公衆電話《こうしゅうでんわ》(使用方法《しようほうほう》は、81pを見《み》てね)

★ 災害発生時《さいがいはっせいじ》にNTT《エヌティーティー》が設置《せっち》する災害時用公衆電話《さいがいじようこうしゅうでんわ》

★ 携帯電話《けいたいでんわ》・スマートフォン・PHS《ピーエイチエス》

● 災害用伝言板《さいがいようでんごんばん》を利用《りよう》する。（80pを見《み》てね）

<利用《りよう》できる電話《でんわ》>

★ 携帯電話《けいたいでんわ》・スマートフォン・PHS《ピーエイチエス》

● 災害用伝言板《さいがいようでんごんばん》web171を利用《りよう》する。（80pを見《み》てね）

パソコン・携帯電話《けいたいでんわ》・スマートフォン

**● Twitter《ツイッター》、LINE《ライン》、Facebook《フェイスブック》などの
ソーシャル・ネットワーキング・サービス(SNS《エスエヌエス》)を活用《かつよう》する。**

**家族《かぞく》、親戚《しんせき》、お友達《ともだち》、連絡《れんらく》したい人《ひと》はいっぱい居《い》るよね。
災害時《さいがいじ》に連絡《れんらく》が一方通行《いっぽうつうこう》にならないように、この中《なか》のどの方法《ほうほう》で
連絡《れんらく》を取《と》り合《あ》うのか、みんなで決《き》めておく事《こと》がとっても大切《たいせつ》だよ！**

※携帯電話《けいたいでんわ》・スマートフォン・PHS《ピーエイチエス》の一部《いちぶ》の通信事業社《つうしんじぎょうしゃ》において、利用《りよう》できない場合《ばあい》があります。

災害伝言《さいがいでんごん》ダイヤル「171」を使《つか》えるようになろう！

災害発生時《さいがいはっせいじ》から、30分《ぶん》～1時間程度《じかんていど》を目標《もくひょう》に利用可能《りようかのう》な状況《じょうきょう》になるよ。

伝《つた》えたい人《ひと》へメッセージを録音《ろくおん》

災害用《さいがいよう》伝言《でんごん》ダイヤル171

安否《あんぴ》を知《し》りたい人《ひと》のメッセージを再生《さいせい》

伝《つた》えたい人《ひと》へメッセージを録音《ろくおん》	安否《あんぴ》を知《し》りたい人《ひと》のメッセージを再生《さいせい》
❶ 171をダイヤル	❶ 171をダイヤル

↓ 音声《おんせい》ガイダンス(こうしてくださいと言《い》う指示《しじ》)が流《なが》れます ↓

❷「1」を押《お》す	❷「2」を押《お》す

↓ 音声《おんせい》ガイダンスにしたがい次《つぎ》に進《すす》みます ↓

❸ 自分《じぶん》の電話番号《でんわばんごう》(市外局番《しがいきょくばん》03などから全《すべ》て)	[公衆電話《こうしゅうでんわ》など他《ほか》の電話《でんわ》を使用《しよう》していてもです。]	❸ 相手《あいて》の電話番号《でんわばんごう》(市外局番《しがいきょくばん》03などから全《すべ》て)

被災《ひさい》した都道府県《とどうふけん》にある固定電話《こていでんわ》の電話番号《でんわばんごう》、携帯電話《けいたいでんわ》、スマートフォン、PHS《ピーエイチエス》、IP電話《アイピーでんわ》の番号《ばんごう》です。(災害状況《さいがいじょうきょう》により条件《じょうけん》が変《か》わることもあります。)

お父《とう》さん、お母《かあ》さん、おじいちゃん、おばあちゃんetc.
は固定電話《こていでんわ》かな?　携帯電話《けいたいでんわ》かな?　番号《ばんごう》が分《わ》かるかな?

↓ 音声《おんせい》ガイダンスにしたがい次《つぎ》に進《すす》みます ↓

❹ 伝言《でんごん》「無事《ぶじ》です！」など	❹ 伝言《でんごん》が流《なが》れる

※伝言録音時間《でんごんろくおんじかん》は、30秒間《びょうかん》です。伝言保存期間《でんごんほぞんきかん》は、提供終了《ていきょうしゅうりょう》までです。

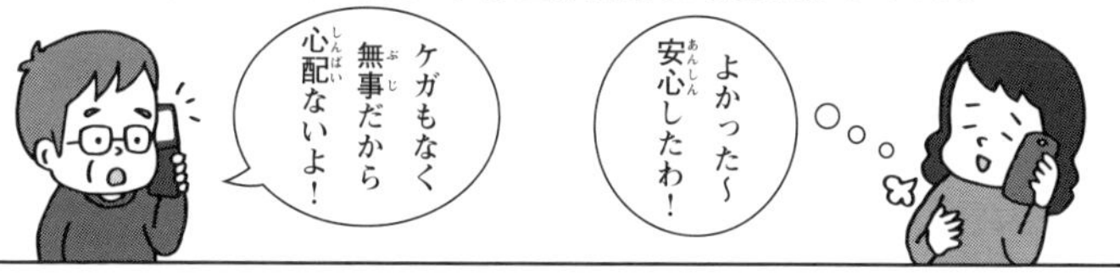
ケガもなく無事《ぶじ》だから心配《しんぱい》ないよ！
よかった～安心《あんしん》したわ！

(2016年《ねん》3月《がつ》18日《にち》よりサービスの一部《いちぶ》が新《あたら》しくなり、部外者《ぶがいしゃ》に伝言《でんごん》を聞《き》かれないための暗証番号設定《あんしょうばんごうせってい》が可能《かのう》になりましたが、ここでは簡単《かんたん》な基本操作《きほんそうさ》のみ解説《かいせつ》しました。)

緊急電話優先《きんきゅうでんわゆうせん》で、固定電話《こていでんわ》がつながらない。停電《ていでん》していて使《つか》えない。携帯電話《けいたいでんわ》がつながりにくい。電池《でんち》が切《き》れた。そんな時《とき》、公衆電話《こうしゅうでんわ》はつながりやすいよ。(使《つか》い方《かた》は81pを見《み》てね。)

「災害用伝言板《さいがいようでんごんばん》」の使《つか》い方《かた》（携帯電話《けいたいでんわ》・スマートフォン・PHS《ピーエイチエス》）

❶ 
公式《こうしき》メニューや専用《せんよう》アプリから「災害用伝言板《さいがいようでんごんばん》」にアクセス！

❷ **登録《とうろく》**（状態《じょうたい》やコメント）または
確認《かくにん》（相手《あいて》のことを知《し》る）を選《えら》ぶ

❸ **登録《とうろく》**は自分《じぶん》の状態《じょうたい》や相手《あいて》へ残《のこ》すコメントを、
確認《かくにん》する人《ひと》は、相手《あいて》の携帯番号《けいたいばんごう》を入力《にゅうりょく》！

❹ **登録《とうろく》**を押《お》して完了《かんりょう》。
確認《かくにん》する人《ひと》は、伝言《でんごん》を読《よ》む。

（くわしくは各携帯電話会社《かくけいたいでんわがいしゃ》まで）

「災害用伝言板《さいがいようでんごんばん》web《ウェブ》171」の使《つか》い方《かた》

パソコン、携帯電話《けいたいでんわ》、スマートフォンから“災害用伝言板《さいがいようでんごんばん》web《ウェブ》171”へアクセスしたら、入力《にゅうりょく》フォームへ必要事項《ひつようじこう》を入力《にゅうりょく》。

くわしい方法《ほうほう》は、ＮＴＴ東日本《エヌティーティーひがしにほん》、西日本《にしにほん》のホームページの「web《ウェブ》171」で調《しら》べよう！　動画《どうが》での解説《かいせつ》も見《み》られるよ。（“格安SIM《かくやすシム》”を提供《ていきょう》している事業者《じぎょうしゃ》の携帯電話《けいたいでんわ》やスマートフォンでは使用《しよう》できない場合《ばあい》が有《あ》ります。）

「災害伝言《さいがいでんごん》ダイヤル171」を体験《たいけん》しておこう！

災害伝言《さいがいでんごん》ダイヤル１７１は、災害《さいがい》のとき以外《いがい》は使《つか》えないよ。
決《き》まった日《ひ》だけ、体験《たいけん》ができるよ。 家族《かぞく》やお友《とも》だちと、練習《れんしゅう》してみよう！！

体験《たいけん》できる日《ひ》	毎月1日《まいつきついたち》、15日《にち》　00:00 ～ 24:00
	正月三《しょうがつさん》が日《にち》　1月1日《がつついたち》 00:00 ～ 1月3日《がつみっか》 24:00
	1月《がつ》15日《にち》 9:00 ～ 1月《がつ》21日《にち》 17:00
	8月《がつ》30日《にち》 9:00 ～ 9月5日《がついつか》 17:00

※都合《つごう》により日時《にちじ》の変更《へんこう》あり

「災害伝言《さいがいでんごん》ダイヤル171」「災害用伝言板《さいがいようでんごんばん》」「災害用伝言板《さいがいようでんごんばん》web《ウェブ》171」のすべてが同《おな》じ日《ひ》に体験《たいけん》できます。

災害時《さいがいじ》は停電《ていでん》の影響《えいきょう》や、緊急電話優先《きんきゅうでんわゆうせん》で、固定電話《こていでんわ》や携帯電話《けいたいでんわ》、スマートフォンがつながりにくくなるよ。バッテリー消耗《しょうもう》も心配《しんぱい》だね。そんな時《とき》、公衆電話《こうしゅうでんわ》はつながりやすいよ。

なかなか見《み》かけなくなった公衆電話《こうしゅうでんわ》。通学《つうがく》路《ろ》や、よく通《とお》る道《みち》の途中《とちゅう》で見《み》かけたことがあるかな？ 家族《かぞく》みんなでさがしてみて！

【主《おも》な設置場所《せっちばしょ》】鉄道駅構内《てつどうえきこうない》、市区町村役所《しくちょうそんやくしょ》や空港《くうこう》などの公共施設《こうきょうしせつ》。NTT東日本《エヌティーティーひがしにほん》・西日《にしに》本《ほん》の公式HP《こうしきホームページ》では設置場所《せっちばしょ》の検索《けんさく》ができる。

これが公衆電話《こうしゅうでんわ》だよ。(かたちの一例《いちれい》です)

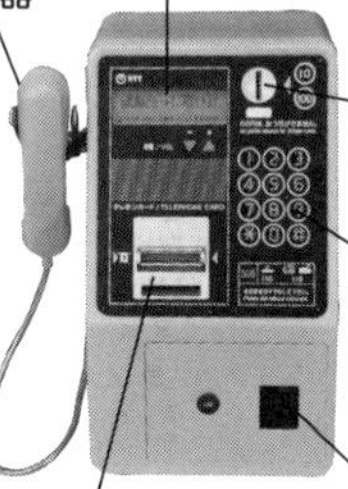
液晶《えきしょう》ディスプレー
(アナログ式《しき》はカード度数表示《どすうひょうじ》のみ)
受話器《じゅわき》
硬貨《こうか》
投入口《とうにゅうぐち》
(10円《えん》か100円《えん》)
ダイヤル
テレホンカード投入口《とうにゅうぐち》
硬貨返却口《こうかへんきゃくぐち》

これがテレホンカードだよ。

TELEPHONE
CARD 50
テレホンカード
IN
NTT

【購入《こうにゅう》できるお店《みせ》】各《かく》コンビニエンスストア、鉄道駅構《てつどうえきこう》内《ない》の売店《ばいてん》など。**【価格帯《かかくたい》】**50度数《どすう》➡500円分《えんぶん》の通話《つうわ》／105度数《どすう》➡1000円購入《えんこうにゅう》で1050円分《えんぶん》の通話《つうわ》

100円玉《えんだま》を使《つか》ったときは、通《つう》話料《わりょう》が100円《えん》より安《やす》くてもお釣《つ》りは戻《もど》って来《こ》ないよ。

デジタル公衆電話《こうしゅうでんわ》(色《いろ》はグリーン又《また》はグレー)

❶ 受話器《じゅわき》をあげると「ツー」と音《おと》がなるよ。
❷ 硬貨《こうか》やテレホンカードを投入口《とうにゅうぐち》に入《い》れるよ。
❸ お話《はなし》したい相手《あいて》の電話番号《でんわばんごう》をダイヤルするよ。
❹ 災害時《さいがいじ》は、硬貨《こうか》やテレホンカードはいらないよ。そのままダイヤルできるよ。災《さい》害伝言《がいでんごん》ダイヤルは「171」だよ。

(停電時《ていでんじ》は、液晶《えきしょう》ディスプレイが消《き》えていて、テレホンカードは使《つか》えません。)

アナログ公衆電話《こうしゅうでんわ》(色《いろ》はグリーン)

❶ 受話器《じゅわき》をあげたら、硬貨《こうか》やテレホンカードを投《とう》入口《にゅうぐち》に入《い》れるよ。
❷ そのあとに「ツー」という音《おと》がするよ。
❸ お話《はなし》したい相手《あいて》の電話番号《でんわばんごう》をダイヤルするよ。災害伝言《さいがいでんごん》ダイヤルは「171」だよ。
❹ 受話器《じゅわき》をおろすと、テレホンカードは投入口《とうにゅうぐち》から戻《もど》って来《く》るから、取《と》り忘《わす》れないでね。硬貨《こうか》は通話料分以外《つうわりょうぶんいがい》は返《かえ》ってくるよ。

(停電時《ていでんじ》は、普段《ふだん》ついている赤《あか》いランプが消《き》えていて、テレホンカードは使《つか》えません)

※災害《さいがい》の程度《ていど》によって、通話料《つうわりょう》は無料《むりょう》になります。硬貨《こうか》もテレホンカードもそのまま返却《へんきゃく》されます。

※念《ねん》のため、10円玉《えんだま》を何枚《なんまい》かランドセルの中《なか》、避難用持《ひなんようも》ち出《だ》し袋《ぶくろ》の中《なか》に入《い》れておこう！
※NTT《エヌティーティー》は、避難所《ひなんしょ》に特設公衆電話《とくせつこうしゅうでんわ》(無料《むりょう》)を設置《せっち》します。停電時《ていでんじ》にも使《つか》えます。

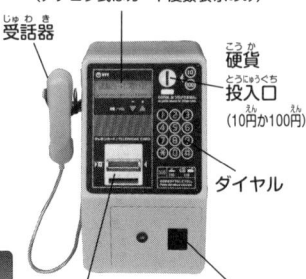

まんが7

みんなお互《たが》いさまだゾ!

婆《ばあ》ちゃん！
いびき！
はっ
歯《は》ぎしり
寝《ね》ごと!!
うっ
うっ
みんなお互《たが》い様《さま》だろうよ
お——
オラはおならぷう〜
はっ
はっ
はっ
ブリブリー
ブリブリー
ひゃーっはっはっ
わっはっはっ
わっはっはっ
ニコ
ニコ
ニコ
ニコ
べろべろばっ
んきゃ♥
おお婆《ばあ》ちゃんが笑《わら》ったゾ
わきあいあい
文句の本人イケメンだった
チュー
ごめんね

翌日《よくじつ》
キューン
ワン
ワン
ワン
ペット救護所
キャン
シーロー
オラの分《ぶん》
おすそわけ
するゾ
これも
お食《た》べ
おお
?
ひょい
ほら その…
さば缶《かん》の骨《ほね》
あれ 食《た》べ
やすかったねー
おお!
婆《ばあ》ちゃん
ふともも〜
ふと
もも〜
ぷっ
ぷ〜っ
あーっ
はっはっはっ
アン!
アン
アハー
シロ!
よいこにして
るんだゾ
アン
また
あとで
ねー
ヒー
ヒー
アロハオエ〜っ
おもしろいね
アンタは
いや〜

ザワ
ザワ
プップー
まったくなー
これから大変だな
2列に
お並び下さ
おにぎり
お水
ガヤ
ガヤ
ガヤ
ガヤ
仮設トイレ
ザワ
ザワ
ザワ
ザワ
ガヤ
ガヤ
ザワ
やい！
よっ
これはお婆《ばあ》さん！昨晩《さくばん》はありがとうございました
ぺこ
いえいえ
ダン
父《とう》ちゃん!!
あなた？
たゆー！
みさえ！しんのすけ！ひまわり!!

うおおお〜〜〜
無事《ぶじ》で良《よ》かったぁ!!
心配《しんぱい》で心配《しんぱい》で
うおおん
お前《まえ》たちの居《い》ない人生《じんせい》なんて俺《おれ》には考《かんが》えられないんだよおお!!
ひしっ
うぷっ
たっ
わたしたちだってそうよ〜〜!
うわぁん
ぷはっ
わわわ
てけてけてけっ
あん 父《とう》ちゃんの一晩《ひとばん》寝《ね》かせた熟成《じゅくせい》最強《さいきょう》ジョリジョリ…
すりすり
すりすり
オラは父《とう》ちゃんがずっとおそばに居《い》てくれてたような気《き》がするゾ
ぎゅっ

パチパチ
パチパチ
はっ!!!
はっ
ワー
ワー
パチパチ
パチ
パチ
パチ
おー
パチ
パチ
パチ
パチパチ
…
…
アハー
たっ?
ぴくっ
クンクン
ぬうう
クンクン
ずるっ
こてん
脱出成功《だっしゅつせいこう》！
?
?
ぺろっ
まっ♡
水
つづく

解説《かいせつ》7

みんなで助《たす》け合《あ》おう！

避難所《ひなんじょ》では、たくさんの人《ひと》が集《あつ》まり、不安《ふあん》や不満《ふまん》で
誰《だれ》もがイライラしてしまいます。
みんなの思《おも》いやり、コミュニケーションがとっても大切《たいせつ》です。
おじいさん、おばあさん、外国《がいこく》の人《ひと》、病気《びょうき》の人《ひと》、
怪我人《けがにん》、妊婦《にんぷ》さん、赤《あか》ちゃんを連《つ》れたお母《かあ》さん、
困《こま》った人《ひと》を見《み》たら、みんなで助《たす》け合《あ》おうね。

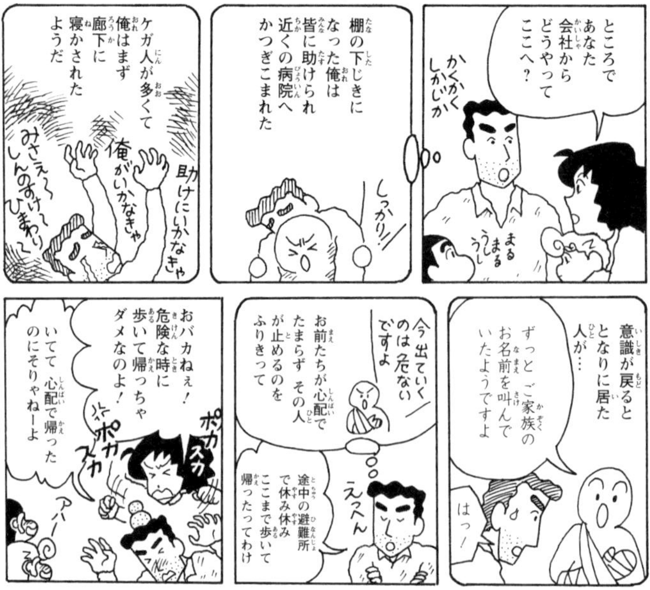
ところで あなた 会社《かいしゃ》から どうやって ここへ？
かくかく しかじか
まる まる うし うし
棚《たな》の下《した》じきになった俺《おれ》は皆《みんな》に助《たす》けられ近《ちか》くの病院《びょういん》へかつぎこまれた
しっかり!!
ケガ人《にん》が多《おお》くて俺《おれ》はまず廊下《ろうか》に寝《ね》かされたようだ
俺がいかなきゃ
助けにいかなきゃ
みさえ～ しんのすけ～ ひまわり～
意識《いしき》が戻《もど》ると となりに居《い》た 人《ひと》が…
ずっと ご家族《かぞく》の お名前《なまえ》を叫《さけ》んで いたようですよ
はっ！
今出ていく のは 危ない ですよ
お前《まえ》たちが心配《しんぱい》で たまらず その人《ひと》が止《と》めるのを ふりきって
途中《とちゅう》の避難所《ひなんじょ》で休《やす》み休《やす》み ここまで歩《ある》いて 帰《かえ》ったってわけ
えっへん
おバカねぇ！ 危険《きけん》な時《とき》に 歩《ある》いて帰《かえ》っちゃ ダメなのよ！
ポカ スカ ポカ スカ
いてて 心配《しんぱい》で帰《かえ》った のにそりゃねーよ
アハー

ちゅうい

大地震《おおじしん》のあとの街《まち》は、とても危険《きけん》なので、すぐに歩《ある》いて帰《かえ》ってはダメだよ！
帰《かえ》り道《みち》の安全《あんぜん》が確認《かくにん》できるまで、災害《さいがい》にあった土地《とち》の避難先《ひなんさき》で待《ま》ちましょう！

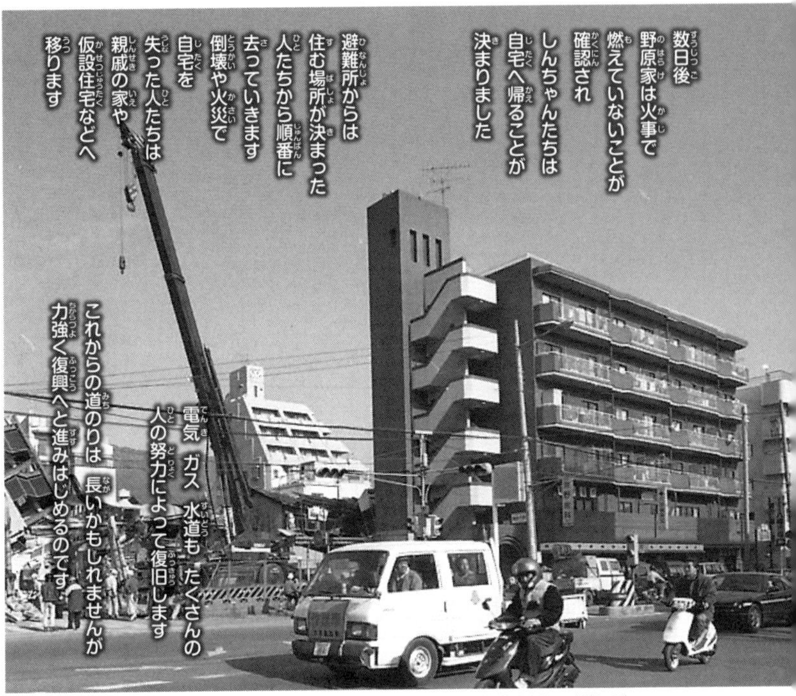

数日後《すうじつご》
野原家《のはらけ》は火事《かじ》で
燃《も》えていないことが
確認《かくにん》され
しんちゃんたちは
自宅《じたく》へ帰《かえ》ることが
決《き》まりました
避難所《ひなんじょ》からは
住《す》む場所《ばしょ》が決《き》まった
人《ひと》たちから順番《じゅんばん》に
去《さ》っていきます
倒壊《とうかい》や火災《かさい》で
自宅《じたく》を
失《うしな》った人《ひと》たちは
親戚《しんせき》の家《いえ》や
仮設住宅《かせつじゅうたく》などへ
移《うつ》ります
電気《でんき》　ガス　水道《すいどう》も　たくさんの
人《ひと》の努力《どりょく》によって復旧《ふっきゅう》します
これからの道《みち》のりは　長《なが》いかもしれませんが
力強《ちからづよ》く復興《ふっこう》へと進《すす》みはじめるのです

阪神《はんしん》・淡路《あわじ》大震災後《だいしんさいご》の神戸市灘区《こうべしなだく》／桜口交差点《さくらぐちこうさてん》から北東《ほくとう》を望《のぞ》む　写真提供　神戸市

北本《きたもと》さん　このたびは　本当《ほんとう》に　助《たす》かりました
いいのよう
ぺこり
あ！お婆《ばあ》さん
遠方《えんぼう》の息子《むすこ》さんと住《す》めるようになって本当《ほんとう》によかったです　落《お》ち着《つ》いたら遊《あそ》びに行《い》きますね
野原《のはら》さん　しんちゃん！
元気《げんき》で…

エピローグ

あの日《ひ》とはちがうゾ!

パパ
ママ
避難経路《ひなんけいろ》よし！
よし！
ガスの安全《あんぜん》よし！
おし！
切《きる》
パチッ
ブレーカーよしっ！
うん
うん
うん
ん
アン！
オラたち防災《ぼうさい》パーフェクト
一家《いっか》だゾ！
わーっはっはっはっ!!

おわり

解説《かいせつ》8

番《ばん》外《がい》編《へん》：被《ひ》災《さい》地《ち》のお友《とも》だちが、やって来《き》たら

自分《じぶん》のおうちが災害《さいがい》にあって暮《く》らせなくなった
お友《とも》だちが、みんなの幼稚園《ようちえん》や、学校《がっこう》に転入《てんにゅう》して
来《く》るかもしれないよ。
お友《とも》だちは、辛《つら》いことや、悲《かな》しいことや、
不安《ふあん》をたくさん抱《かか》えてやって来《き》ます。
そんなお友《とも》だちの気持《きも》ちをちゃんと考《かんが》えて、
あたたかく迎《むか》えて、みんなで仲良《なかよ》くしようね！

まんが番外編《ばんがいへん》
新《あたら》しいお友《とも》だちだゾ!

みんなー
先月《せんげつ》の地震《じしん》で大《おお》きな被害《ひがい》を受《う》けた揺杉町《ゆれすぎまち》から 新《あたら》しいお友《とも》だちが来《き》ましたー!
ワーイ
ガヤ
ガヤ
ワーイ
えっ
えっ
おー
新志友実《あたらしともみ》ちゃんです これから自己紹介《じこしょうかい》があります
はーい 友実《ともみ》ちゃん どうぞー
もじ
もじ
もじ
(方言通訳《ほうげんつうやく》) は はじめまして あたらし ともみ です
カチン
コチン
キン
チョ〜ン
おうちに住《す》めなくなって避難《ひなん》して来《き》ましたっ
ザワ
ザワ
よろしくお願《ねが》いします!
はははっ! 何《なに》をしゃべってるのか分《わ》かりませーん!
ドッ
はははっ
ははは っ
ケラ
ケラ
ケラ
ケラ
おお
わくわく

実際に存在しない、架空の町の方言を通訳しています。

こらっ！
日本《にほん》のどこにでも方言《ほうげん》はあります！
…
からかってはいけません!!
しゅん
ごめんなさい
ホッ
ホッ
ホッ
しんちゃん？
おおお
！
はじめて聞《き》くお言葉《ことば》 秋田《あきた》のじいちゃん 九州《きゅうしゅう》のじいちゃん どれともちがうゾ！
イエーイ!!
カッコいいゾ！
大興奮《だいこうふん》!!
オラも話《はな》したい！オラに教《おし》えて!!
教《おし》えて
よろしく
おお
教《おし》えて！
しんちゃん
ありがとう
みんな違《ちが》ってあたりまえ
違《ちが》うからこそ楽《たの》しい!!

番外編《ばんがいへん》・おわり

保護者《ほごしゃ》の皆様《みなさま》へ

この本《ほん》は、

もしも子供《こども》たちが一人《ひとり》ぼっちの時《とき》に災害《さいがい》に遭《あ》ってしまったら？

をテーマに作《つく》ったものです。子供《こども》たちが、この本《ほん》で読《よ》んだことを記憶《きおく》に刻《きざ》み、思《おも》い出《だ》し、いざという時《とき》に行動《こうどう》に移《うつ》す手助《てだす》けになってくれたらと、心《こころ》から願《ねが》うものです。

お子様《こさま》とご一緒《いっしょ》に、防災《ぼうさい》の事《こと》を話《はな》し合《あ》うきっかけにしていただけたら幸《さいわ》いです。

実際《じっさい》の地震災害《じしんさいがい》は、もっともっと苦《くる》しい局面《きょくめん》があるかと思《おも》いますが、この本《ほん》では、子供《こども》たちの恐怖心《きょうふしん》をあおるものであってはならないと思《おも》い過剰《かじょう》な表現《ひょうげん》は避《さ》けています。

しかし現実《げんじつ》の災害《さいがい》では、国《くに》も地方自治体《ちほうじちたい》にも大《おお》きな混乱《こんらん》が予想《よそう》されます。

想定外《そうていがい》のことがいくつも起《お》こることでしょう。

保護者《ほごしゃ》の皆様《みなさま》には、今後《こんご》も進化《しんか》しつづける防災《ぼうさい》の知恵《ちえ》、情報《じょうほう》、役《やく》に立《た》つ防《ぼう》災《さい》グッズの準備《じゅんび》など、ご自身《じしん》の住環境《じゅうかんきょう》に応《おう》じた、あらゆる万全《ばんぜん》な備《そな》えを行《おこな》っていただけたらと願《ねが》っております。

Special Thanks

すべてのご関係者の皆様

写真提供の皆様

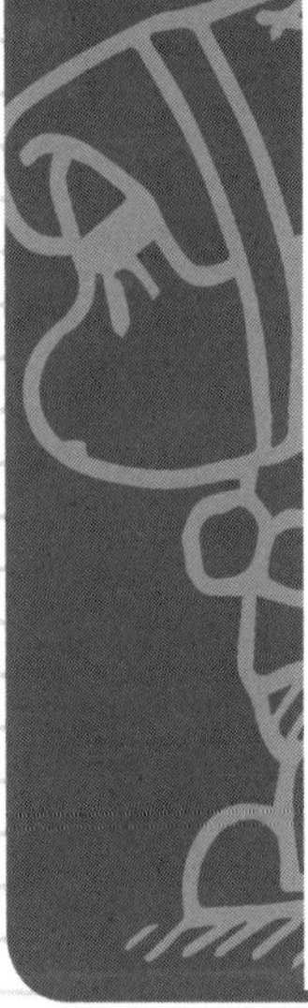

[新版]
クレヨンしんちゃんの防災《ぼうさい》コミック
地震《じしん》だ! その時《とき》オラがひとりだったら

2019 年 3 月 11 日　第 1 刷発行

● キャラクター原作：臼井《うすい》儀人《よしと》
● 監修：永田《ながた》宏和《ひろかず》
NPO法人プラス・アーツ理事長

● 発行者　島野浩二
● 発行所　株式会社双葉社
〒162-8540
東京都新宿区東五軒町 3 番 28 号
電話 03-5261-4818（営業）
電話 03-5261-4849（編集）

● 印刷所　三晃印刷株式会社
● 製本所　株式会社若林製本工場

● 企画・構成 / まんがシナリオ・絵コンテ / 編集：石川美奈子
● まんが作画・カバーイラスト：藤井 崇+石川美奈子
● カバー・本文デザイン・編集協力：エスプランニング
（杉崎厚子・横山みゆき・菊田智代・山崎詩歩）

● 解説イラスト：横山みゆき
● アドバイザー：杉崎厚子

落丁・乱丁の場合は送料双葉社負担でお取り替えいたします。
「製作部」あてにお送りください。
ただし、古書店で購入したものについてはお取り替えできません。
[電話] 03-5261-4822（製作部）

定価はカバーに表示してあります。

ISBN978-4-575-31433-5 C0076

双葉社ホームページ　http://www.futabasha.co.jp
（双葉社の書籍・コミック・ムックが買えます）